Ralf Mühe

Die Offenbarung

© 2010 by Verlag Bibellesebund, Marienheide
3. Auflage 2011
Dieses Buch erschien zuvor unter dem Titel „Die Zeitung von morgen"

Satz: Breklumer Print-Service, Breklum
Umschlaggestaltung: Justo G. Pulido, www.pulido.de
Umschlagfoto: © Spectral-Design-Fotolia.com
Druck: BasseDruck, Hagen

ISBN: 978-3-87982-367-3

Inhalt

Liebe Leserin, lieber Leser	5
Kurze Einführung in die Offenbarung	6
Übersicht über den Aufbau der Offenbarung	7
Enthüllte Geheimnisse 1,1-3	8-9
Die Enthüllung des Kommenden 1,4-8	10-11
Auf Patmos *und* in Gottes neuer Welt 1,9-11	12-13
Jesus, der Herr 1,12-20	14-15
Wachsen in der Erkenntnis	16
Sieben Botschaften an sieben Gemeinden	17
Die Sendschreiben im Überblick	18
Die Universale Bedeutung der Sendschreiben	19
Wahrheit ohne Liebe 2,1-7	20-21
Verfolgt, aber nicht verlassen! 2,8-11	22-23
Sünde beim Namen nennen 2,12-17	24-25
Christsein ohne klare Konturen 2,18-29	26-27
Die Gemeinde der „zweiten Generation" 3,1-6	28-29
Die Sendschreiben – eine kirchengeschichtliche Schau	30-31
Bewahrt – bewährt! 3,7-13	32-33
Wen Jesus ausspuckt 3,14-22	34-35
Die Bildersprache der Offenbarung	36
Zahlen in der Bildersprache	37-39
Gottes Thron 4,1-11	40-41
Niemand ist würdig 5,1-5	42-43
Die Bedeutung des Siegels in der Antike	44
Jesus Christus in der Offenbarung	45
Jesus ist würdig 5,6-14	46-47
Die apokalyptischen Reiter 6,1-8	48-49
Schrei nach Gerechtigkeit 6,9-11	50-51
Der „liebe Gott" wird zornig 6,12-17	52-53
Unter Gottes Schutz 7,1-8	54-55
Am Ziel angelangt 7,9-17	56-57
Wenn Christen beten 8,1-5	58-59
Zerstörte Umwelt ... 8,6-13	60-61
Gott unterscheidet 9,1-12	62-63
Trotzdem bekehrt sich niemand 9,13-21	64-65
Keine Zeit mehr 10,1-11	66-67

Gottes Baupläne 11,1-14	68–69
Endlich! 11,15-19	70–71
Die Darstellung von Zeitabläufen in der Offenbarung	72–74
Ein Vergleich zwischen Matthäus 24 und Offenbarung 6	75
Bedroht und bewahrt 12,1-9	76–77
Jubel und blutiger Ernst 12,10-18	78–79
In Satans Klauen 13,1-10	80–81
Verführt! 13,11-18	82–83
Das Tier	84
Jesus kommt als Richter	85
Verfolgt und dennoch am Ziel! 14,1-5	86–87
Der Weltenrichter kommt 14,6-20	88–89
Anbetung und Zorn 15,1-8	90–91
Gottes grimmiger Zorn 16,1-21	92–93
Farben als Teil der Bildersprache	94–95
Die abservierte „Hure" 17,1-18	96–97
Weinen und jubeln 18,1-24	98–99
Hochzeitsfeier 19,1-10	100–101
Jesus: hart, aber gerecht 19,11-21	102–103
Satan: verhaftet und eingesperrt 20,1-3	104–105
Vom Minus zum Plus 20,4-6	106–107
Verdammt in alle Ewigkeit 20,7-15	108–109
Ewig / Ewigkeit	110–111
Gottes neue Welt 21,1-14	112–113
Unbeschreibliche Herrlichkeit 21,15-27	114–115
Zu Hause 22,1-5	116–117
Zuverlässig und wahr 22,6-15	118–119
Am Ziel der Geschichte 22,16-21	120–121
Kleines Bildwort-Lexikon	122–124

Liebe Leserin, lieber Leser,

Mehr als die anderen biblischen Bücher gibt uns die Offenbarung Einblicke hinter die Kulissen der sichtbaren Welt. Es ist daher nicht erstaunlich, dass wir dabei auf Fremdartiges stoßen. Oft wird die Offenbarung deshalb auch das „Buch mit den sieben Siegeln" genannt.

Zunächst ist uns die Bildersprache des Buches fremd, die zur Charakteristik biblischer Prophetie gehört. Weiterhin verwirrt es, dass die Kapitel nicht chronologisch aufeinander aufbauen. Oft greifen spätere Kapitel zeitlich wieder zurück und entfalten die Geschichte unter einem neuen Blickwinkel bis ans Ziel der Weltgeschichte.

Auslegungen der Offenbarung bleiben als Spiegelbild unserer geistlichen Erkenntnis stets nur Stückwerk. Es lohnt sich, dass wir uns immer wieder neu um ein tiefer gehendes Verständnis der Offenbarung bemühen, denn mit fortschreitender Heilszeit wird Gott uns den Blick für das öffnen, was wir wissen müssen. Dabei greift der Heilige Geist auf unser Bibelwissen zurück und baut es auf.

Für mich selbst war die erste grundlegende Erkenntnis die, dass Jesus Christus uns durch seine Offenbarung nicht ängstigen, sondern ermutigen will. Allzu leicht sind wir ja geneigt, uns von dem bannen zu lassen, was in dieser Welt mächtig und groß ist. Dabei vergessen wir meist, dass das Sichtbare nur vorläufig ist. Das Beste – Gottes neue Welt ohne Ungerechtigkeiten, Leid, Hunger, Krieg und Tod – kommt erst noch. Diese Zuversicht erhält durch dieses letzte Buch der Bibel einen gewaltigen Schub.

Alle Hinweise und Zitate beziehen sich übrigens auf die Lutherbibel 1984.

Ralf Mühe

Kurze Einführung in die Offenbarung

Verfasser
Der Verfasser der Offenbarung nennt sich einfach nur *Ich, Johannes, euer Bruder* (1,9)! Für die Empfänger war also vollkommen klar, wer ihnen da schrieb: offensichtlich eine Person, die so bekannt war, dass sie sich nicht näher vorstellen musste. Wir können davon ausgehen, dass es sich um den Apostel Johannes handelt.

Ort und Zeit der Abfassung
Johannes befand sich zwangsweise auf der im Ägäischen Meer gelegenen Felseninsel Patmos. In der Offenbarung gibt es keine konkreten Hinweise zur Zeitgeschichte, sodass wir die Abfassungszeit nur vermuten können. Vieles spricht dafür, dass sie gegen Ende der Regierungszeit des römischen Kaisers Domitian (81-96) geschrieben wurde. Unter ihm fand die erste weitreichende Verfolgung von Christen statt. Sie weigerten sich, den römischen Kaiser als göttliche Person zu verehren. Damit galten sie als „Hasser des Menschengeschlechts" (odium generis).

Empfänger
Im ersten Schreibbefehl (1,11) werden als Adressaten zunächst die christlichen Gemeinden im Westen Kleinasiens genannt. Das siebenfache *Wer Ohren hat, der höre, was der Geist den Gemeinden sagt!* (2,7.11.17.29; 3,6.13.22) scheint aber über diese ursprünglich angesprochene Zielgruppe weit hinaus zu weisen.

Zweck der Abfassung
Johannes soll aufschreiben, *was ist und was geschehen soll danach* (1,19). Die Gemeinde wird damit zu einem Zweifachen befähigt:
1. Sie soll ihre (jeweilige) Gegenwart durchschauen können. Hinter den Kulissen des sichtbaren Geschehens findet in der unsichtbaren Welt ein Kampf statt, dessen Ausgang schon längst feststeht.
2. Ihr wird der Blick auf das Ziel der Weltgeschichte gelenkt. Die Tendenzen zur Vergöttlichung des Menschen, aber auch die Zunahme an Katastrophen jeder Art entsprechen den Darstellungen in der Offenbarung. Christen können darin nicht einfach nur das nahende Ende erkennen, sondern den Wechsel von der Zeit zur Ewigkeit und einer neuen Schöpfung.

Übersicht über den Aufbau der Offenbarung

Um einen Überblick über dieses letzte Buch der Bibel zu bekommen und sich den Inhalt besser einprägen zu können, ist es hilfreich, sich zu jedem Kapitel ein Stichwort zu merken.

Empfang	1	12	Drache
Sendschreiben	2	13	Antichrist
Thron	3	14	Ernte
Vor Gottes Thron	4	15	Überwinder
Buch	5	16	Zornesschalen
Siegel	6	17	Babylon
144.000	7	18	Babylon
Posaunen	8	19	vor Gottes Thron
Abgrund	9	20	Weltgericht
Büchlein	10	21	Gottesstadt
Zeugen	11	22	Gottesstadt

Zahlensymbolik und bildliche Ausdrucksweise gehören zu den Stilmitteln apokalyptischen Schrifttums. Aus der Übersicht wird erkennbar, wie sich die beiden Hälften des Buches (Kapitel 1–11 und 12–22) im Aufbau entsprechen.

Enthüllte Geheimnisse

Offenbarung 1,1-3

 Erklärungen zum Text

Der Absender. Vor uns liegt eines der aufregendsten Bücher der Bibel: „die Offenbarung ..." Ehe Sie den Satz vorschnell mit „... des Johannes" ergänzen, lesen Sie Vers 1 noch einmal: Die Enthüllung der zukünftigen Dinge ist die Sache von Jesus. Er gibt weiter, was er von Gott, dem Vater, erhalten hat (vgl. Joh 8,28b).
Der Übermittler. Jesus selbst ist das Zentrum der Offenbarung. Er übermittelt, was er als Auferstandener selbst von Gott empfangen hat; denn sie ist ihm für seine *Knechte* gegeben worden. Mit anderen Worten: Gott will, dass alle, die zu ihm gehören, Bescheid wissen, was geschehen wird.
Die Empfänger. Die „Apokalypse" ist für Menschen bestimmt, die zu Jesus gehören. Sie werden hier und auch in Kapitel 22,6 *seine Knechte* genannt. Der für uns etwas altertümliche Begriff betont Aspekte der Abhängigkeit und des Gehorsams.
Die Absicht des Buches. Lesen Sie bitte Vers 1 und 3! Es geht nicht darum, Angst vor der Zukunft zu wecken, sondern Zuversicht: Gott führt die Weltgeschichte zum Ziel! Ihm ist auch Ihre persönliche Situation nicht verborgen. Nehmen Sie das als Gewissheit mit in den Tag.

 Fragen zum Text

1. Wie sieht der „Dienstweg" der Offenbarung vom Himmel zur Erde aus? Markieren Sie dabei den Punkt, wo sie den Bereich der unsichtbaren Welt Gottes zu unserer sichtbaren Welt überschreitet.
2. Mit welchen Merkmalen kennzeichnet Johannes sich selbst?
3. Welche drei Verhaltensweisen werden von den Briefempfängern erwartet? Vergleichen Sie mehrere Bibelübersetzungen.

 Übertragung ins Leben

Bei den Schreckensmeldungen unserer Zeit erkennen wir noch nichts von Gottes Herrschaft. Chaos, Ungerechtigkeit und globale Zerstörungen prägen unsere Welt. Wir müssen unsere Aufmerksamkeit schon bewusst auf Gottes Wort lenken, um nicht an der Wirklichkeit seiner Herrschaft zu zweifeln. Beim Lesen der Offenbarung wechseln wir die Perspektive. Wir sehen die Welt aus einem Blickwinkel, wie ihn Gott denen schenkt, die seinen Geist empfangen haben. Dennoch bleibt uns manches noch unverständlich. Aber wir können sicher sein, dass Gottes Geist uns mehr Verständnis schenkt, wenn die Zeit es erfordert.

2. Danken Sie Gott in einem gemeinsamen Gebet, dass er sich uns mitteilt. Bitten Sie ihn um den Segen, der allen zugesagt wird, die die Offenbarung lesen oder hören.

 Gesprächsimpulse

1. Gottes Absicht ist, dass wir hinter all dem chaotischen Geschehen dieser Erde seine Pläne entdecken. Damit befähigt er uns, echte Mutmacher zu werden. Wie berührt Sie das und wie wirkt sich das auf Ihren Alltag aus?

Eigene Gedanken

___

___

___

___

___

Die Enthüllung des Kommenden

Offenbarung 1,4-8

 Erklärungen zum Text

Die Offenbarung ist zunächst an Christen gerichtet, die im Gebiet der heutigen Türkei (Kleinasien) lebten.
Gnade und Frieden von Gott können wir uns nicht selbst aneignen. Beachten Sie, wie Gott in Vers 4 beschrieben wird. Da heißt es nicht, wie wir erwarten würden: *Der da ist und der da war und der da sein wird*, sondern *der da kommt*. Damit wird gleich auf der ersten Seite auf das Ereignis hingewiesen, das den Höhe- und Endpunkt der Weltgeschichte darstellt: Gottes sichtbare Herrschaft auf der Erde.
Die drei Titel von Jesus Christus in Vers 5 sagen etwas über seinen Dienst aus: unter seinem Volk Israel (Joh 5,36), in seiner Gemeinde (vgl. Kol 1,18) und über die Welt. Der anschließende Lobpreis betont sein Verhältnis zu uns: Er liebt uns (Gegenwart!), er hat uns erlöst (eine vollendete Tatsache!) und uns eine neue Bestimmung gegeben, die einst nur Israel gegolten hat (2. Mose 19,5-6).
Alpha und Omega (8) sind die Buchstaben, mit denen das griechische Alphabet beginnt und endet (vgl. 21,6).

 Fragen zum Text

1. Wo genau liegt die alte römische Provinz „Asia Minor" oder Kleinasien?
2. Was sagen die Titel über Jesus Christus aus (5)?
3. Vers 7: Kennen Sie die ähnlich lautende Aussagen aus Sacharja 12,10 und Matthäus 24,30? Es lohnt sich, sie nachzulesen!
4. Wer wird in Vers 4 und 6 genannt? Wie heißt die Person, die als Mittler dazwischen steht (5)?

 Übertragung ins Leben

Dreimal wird in diesem Abschnitt etwas über den Kommenden gesagt, und zwar in Vers 4, in Vers 7 und 8. Damit wird unsere Blickrichtung von der Fixierung auf die Vergangenheit gelöst und auf die Zukunft gelenkt.
Erinnern Sie sich an Situationen, in denen Sie auf eine Person oder auf

ein Ereignis gewartet haben? Wodurch unterschied sich damit Ihr Leben von anderen Zeiten?
1. Wer ist Jesus? Nehmen Sie ein Blatt Papier und notieren Sie in einer linken Spalte Aussagen aus dem Bibeltext. Schreiben Sie nun jeweils in die rechte Spalte, ob und wie die Beschreibungen über Jesus Ihren Alltag berührt!
2. Wer bin ich? Gott hat Ihnen durch seine Erlösung die königliche Herrschaft über persönliche Schwächen, über die Sünde und über den Machtanspruch Satans verliehen. Es liegt an Ihnen, ob Sie diese Vollmacht einsetzen.
3. Der priesterliche Dienst vermittelt zwischen Menschen oder zwischen einem Menschen und Gott.

2. Was haben sie mit Ihrem Alltag zu tun?
3. Verwenden Sie die Aussagen über Gott und Jesus als Grundlage für eine Zeit der Anbetung, des Dankes und der Fürbitte!

 Gesprächsimpulse

1. Welche Aussagen in diesem Text betreffen unsere Vergangenheit, Gegenwart und Zukunft?

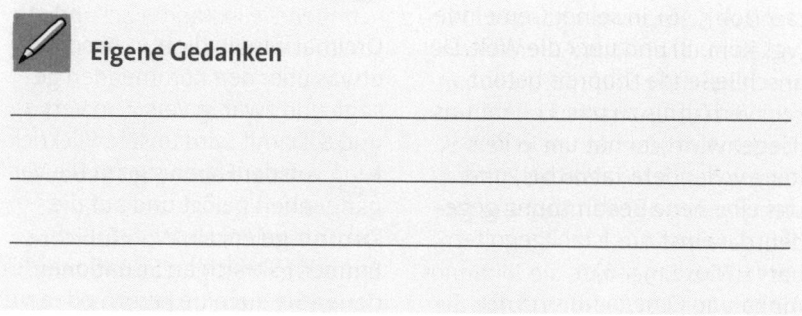 **Eigene Gedanken**

Auf Patmos
und in Gottes neuer Welt

Offenbarung 1,9-11

 Erklärungen zum Text

Vers 9: Johannes steht als Apostel nicht über den Schwierigkeiten. Die Verfolgung, die über die Christen in Kleinasien gekommen ist, hat auch ihn getroffen. Aber nicht nur die Leiden, sondern auch die Hoffnung auf das Sichtbarwerden des Reiches von Jesus vereint ihn mit den Gemeinden.
Vers 10: Gottes Geist durchbricht die Isolation der Verbannung. Zugleich überwindet er die Begrenzung menschlicher Wahrnehmung, indem er Johannes in Gottes Welt versetzt (vgl. 1. Kor 2,10). Ein Wechsel der Blickrichtung ist notwendig, um gleich darauf den Auferstandenen sehen zu können. Dies gilt auch für uns: Bleiben unsere Blicke nicht allzu oft am Elend der Gegenwart hängen? Wir sollten auch auf den Auferstandenen sehen! Die Stimme, die Johannes hört (9), unterscheidet sich von der des Auferstandenen in Vers 15. *Am Tag des Herrn* kann als Auferstehungstag auf den Sonntag gedeutet werden.
Vers 11: Der Botschaft, die Johannes mitzuteilen hat, werden durch die schriftliche Niederlegung die Grenzen von Raum und Zeit genommen!
Buch: Siehe „Kleines Bildwort-Lexikon", Seite 122.

 Fragen zum Text

1. Welche Unterschiede entdecken Sie bei der Selbstbezeichnung von Johannes gegenüber Jesus (1) und den Christen in den Gemeinden (9)?
2. Welche zwei Anklagepunkte erwähnt Johannes als Anlass für seine Verbannung?
3. Nach welchem Kriterium werden die Städte in Vers 11 benannt?
4. Was geschah, damit Johannes diese überirdische Stimme hören konnte (10)? Weitere Hinweise finden Sie in Kapitel 4,2 und 17,3.
5. Worüber soll das Buch informieren (11)?

 Übertragung ins Leben

Heute wird oft ein Wohlfühlchristentum gepredigt, das mit dem Glauben einen Anspruch auf persönliches Glück verbindet. Nichts davon prägt das Leben des verbannten Johannes. Unumwunden beschreibt er in Vers 9, dass er bedrängt wird und viel Geduld benötigt, um durchzustehen. Statt Johannes aus der Bedrängnis herauszuhelfen, betraut Gottes Geist ihn mit einer Aufgabe: *Schreibe!* Es gehört zu den Geheimnissen Gottes, dass er uns oft nicht aus schwierigen Verhältnissen herausnimmt, sondern in diesen Umständen gebrauchen will.

3. Erbitten Sie in einer gemeinsamen Gebetszeit Gott, dass er Ihnen hilft, ihn zu Hause, auf der Arbeit oder bei Nachbarn glaubwürdig zu bezeugen.
4. Stehen Sie auch fürbittend für verfolgte Christen ein.

 Gesprächsimpulse

1. Unter welcher Voraussetzung können wir Gottes Stimme wahrnehmen (10)?
2. Wie bewerten Sie die Tatsache, dass Johannes in der Verbannung von Jesus aufgesucht und beauftragt wird?

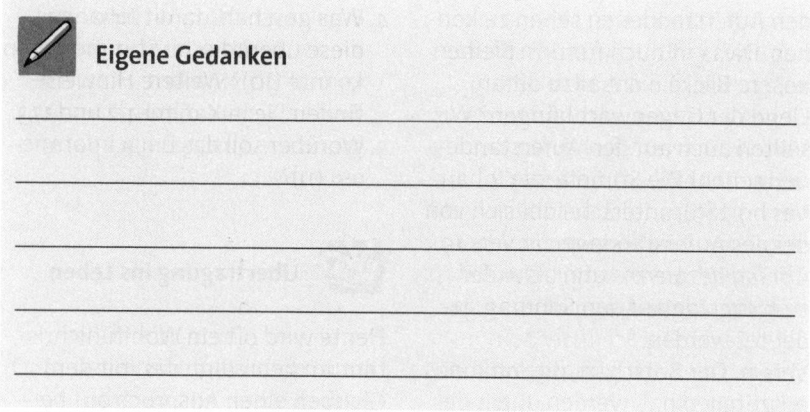

Eigene Gedanken

Jesus, der Herr

Offenbarung 1,12-20

 Erklärungen zum Text

Vers 12: *Ich wandte mich um, zu sehen ...*, wird in Vers 17 fortgesetzt: *Und als ich ihn sah ...* Jesus hält und erhält seine Gemeinde (16a). Das Schwert aus dem Mund (16b) weist ihn als Richter aus (vgl. Hebr 4,12). Durch sein Wort reinigt er seine Gemeinde (2,16) und richtet er einmal die Völker (19,15). Beachten Sie das Wörtchen *wie*, das jeweils den Vergleich andeutet. Die Vision soll nicht aufzeigen, wie der Auferstandene aussieht, sondern was ihn auszeichnet.

Wo immer die Bibel von Begegnungen mit dem heiligen Gott oder seinen Boten berichtet, befällt den Menschen Furcht und Entsetzen (vgl. Dan 8,17-18; 10,1-10). Das hat etwas mit unserer Sündhaftigkeit zu tun, die uns in seiner Gegenwart bewusst wird.

Vers 16: *Schwert:* Siehe „Kleines Bildwort-Lexikon", Seite 123.

Vers 17-18: Jesus ist der Überwinder des Todes. Die Aussage: *Ich war tot* übersteigt unsere Logik. Der Tod ist demnach definitiv nicht das Ende allen Seins. Die *Schlüssel* demonstrieren die Verfügungsgewalt, die Jesus hat.

Hölle: Siehe „Kleines Bildwort-Lexikon", Seite 122.

Vers 20: Das griechische Wort Angelos kann sowohl Engel als auch Bote bedeuten. Es wird vielfach angenommen, dass hier die Leiter der jeweiligen Gemeinden gemeint waren.

 Fragen zum Text

1. Worauf lässt die Häufigkeit des vergleichenden Wortes *wie* schließen?
2. Welche Übereinstimmung finden Sie in Vers 14 und Daniel 7,9 oder beim Vergleich von Vers 13 mit Daniel 7,13?
3. Gottes Gegenwart wird in der Bibel mit Licht in Verbindung gebracht: Matthäus 17,2; 1. Johannes 1,5 und Offenbarung 21,23. Wie werten Sie auf diesem Hintergrund die Aussage über Satan in 2. Korinther 11,14?

 Übertragung ins Leben

Der Begriff „Gottesfurcht" ist durch moralisierenden Missbrauch leider in Misskredit geraten. Wie verstehen Sie ihn? Hat er für Sie einen positiven oder negativen Beigeschmack? Ich umschreibe Gottesfurcht auch gern mit „Ehrfurcht vor Gott" oder „Respekt vor seiner Größe". Erst ein Bewusstsein für seine Heiligkeit und Majestät und mehr noch die innere Begegnung mit dem Auferstandenen bringen uns dahin, sie neu mit Inhalt zu füllen. Und das ist ja das Ziel der Gemeinschaft mit Gott.

2. Übertragen Sie die Aussagen nun auf die Gemeinden, die als Leuchter dargestellt werden. Inwiefern treffen die Eigenschaften des Lichts auf sie zu / nicht zu?
3. Wodurch kommt die Lichtfunktion Ihrer Gemeinde an Ihrem Ort zur Geltung?

 Gesprächsimpulse

1. „Licht bedeutet für mich ..." Lassen Sie in einem ersten Schritt die Teilnehmer diesen Satzteil (mündlich oder schriftlich) mit ihren eigenen Vorstellungen ergänzen.

Eigene Gedanken

_____

_____

_____

_____

_____

_____

Wachsen in der Erkenntnis!

Biblische Erkenntnis hat zwei Ebenen: eine natürliche und eine geistliche. Beide sind wichtig und ergänzen einander. In Bildern ausgedrückt können wir auch von Erkenntnis des Kopfes und des Herzens sprechen.

Die natürliche Erkenntnis stützt sich beim Bibellesen auf Beobachtungen und Wissen des Verstandes. Dazu gehören Einblicke in die Zeitgeschichte sowie Kenntnisse über die Sprache. Immer wieder gibt es ja Aussagen, die damals von den Empfängern ohne Weiteres verstanden wurden, uns jedoch erst erklärt werden müssen. In Offenbarung 1,8 stellt Gott sich zum Beispiel mit einem Sprachbild vor, das in der damaligen Umgangssprache zu Hause war, wenn er sagt: „Ich bin das Alpha und das Omega." Alpha ist der erste und Omega der letzte Buchstabe im griechischen Alphabet (Luther: *A und O*). In Kapitel 1,17 finden wir eine andere Aussage, die mit anderen Worten das gleiche besagt: *Ich bin der Erste und der Letzte*. Damit betont Jesus seine Göttlichkeit. Natürliche Erkenntnis ist in der Lage, diese Parallele zu entdecken und zu deuten.

Geistliche Erkenntnis ist nicht das Resultat studierter Gelehrsamkeit, sondern einer inneren Beziehung. Gott beschenkt Menschen mit Einsicht, die sich seinem Reden öffnen. Wenn Sie die Offenbarung lesen oder im Hauskreis darüber reden, kann das auf diesen beiden Ebenen geschehen.

Viele Aussagen haben neben ihrer heilsgeschichtlichen Bedeutung auch für Ihren Alltag hier und heute Gewicht. Es kann sein, dass Sie eine vertiefte Erkenntnis über Gottes Wesen erhalten oder dass eine Aussage eine Situation in Ihrem Alltag berührt. Erwarten Sie dieses persönliche Reden auch durch das Buch der Offenbarung! Es kann aber sein, dass ein Bibeltext sowie die Ausführungen dazu Sie überhaupt nicht ansprechen. Möglich, dass dafür äußere oder innere Bedingungen verantwortlich sind, die Sie selbst nicht ändern können. Gottes Reden wirkt häufig auch nach Art eines Vitamindepots mit Zeitverzögerung: Das, was Sie gelesen haben, wird erst in einer späteren Situation für Sie bedeutungsvoll. Dann erweist es sich von Vorteil, wenn Sie nicht nach dem Lustprinzip gehandelt und das Lesen der Offenbarung frustriert abgebrochen haben.

Der Austausch mit anderen bringt Ansätze von geistlicher Erkenntnis oft schneller zur Reife. Sei es, weil man beim Reden gezwungen ist, Eindrücke in klare Worte zu fassen und sich gegebenenfalls korrigieren zu lassen, oder sei es, dass unterschiedliche Erkenntnisse sich zum Nutzen aller ergänzen.

Das Gebet ist die unmittelbarste Art, auf das Gehörte zu reagieren. Es ersetzt zwar nicht das Handeln, aber es schafft die Voraussetzungen für geistliche Durchbrüche oder veränderte Situationen. Beten können wir prinzipiell immer und überall. Darin liegt eine große Chance!

Sieben Botschaften an sieben Gemeinden

Sicher wird Ihnen beim Lesen von Kapitel 2 und 3 der Offenbarung auffallen, wie klar gegliedert die einzelnen Schreiben sind. Um sie leichter miteinander vergleichen zu können, ist es eine Hilfe, wenn man ihren Aufbau kennt. Vielleicht mögen Sie sich ja die Untergliederungen in Ihrer Bibel farbig markieren (zum Beispiel: Empfänger rot, Schreibbefehl grün, Bestandsaufnahme: Tadel blau, Lob gelb, Ermahnungen braun und Zusagen orange).

Empfänger
Die Botschaften, die Johannes zu überbringen hat, richten sich zunächst an sieben Ortsgemeinden in Kleinasien (im Gebiet der heutigen Türkei). Durch die Zahl Sieben (Zahl der Vollkommenheit) wird angedeutet, dass diese Botschaften darüber hinaus den christlichen Gemeinden aller Zeiten gelten. Einige Ausleger glauben, in der Charakterisierung der sieben Gemeinden verschiedene Epochen der Kirchengeschichte erkennen zu können. Grundsätzlich kann sich jede Kirche oder Gemeinde im Spiegel der Sendschreiben selbst prüfen und daraus Konsequenzen ziehen.

Schreibbefehl
Was niedergeschrieben ist, kann nicht so schnell in Vergessenheit geraten. Eine derart fixierte Botschaft ist ein bleibendes Dokument. Nicht nur Gott im Himmel schreibt (Offb 20,12), er lässt auch schreiben. Johannes wird dadurch in die Lage versetzt, zuverlässig die Gemeinden auf dem kleinasiatischen Festland zu erreichen.

Bestandsaufnahme: Lob und Tadel
Jesus ist und bleibt der Herr seiner Gemeinde. Das heißt, dass Christen vor ihm in der Verantwortung stehen. Es wird deutlich, dass sich nicht alle Gemeinden dessen wirklich bewusst sind. Sie haben Jesus als Mitte verloren oder sich gar verselbstständigt. Für andere ist gerade das Wissen ermutigend, dass Jesus der Herr ist und ihre Lage kennt. Gar mancher wird überrascht sein, wie souverän Jesus selbst verborgene Missstände aufdecken wird. Sein Urteil ist vollkommen gerecht. Er lobt zum Beispiel auch dort, wo er zunächst Grund hat, zu tadeln und zur Umkehr aufzurufen.

Ermahnungen
Das Ziel der Schreiben ist es, den Christen in den Gemeinden erneut die Augen dafür zu öffnen, dass Jesus gegenwärtig ist. Er ist die Mitte und das Ziel der christlichen Gemeinde. Wo das aus dem Blickfeld gerät, liegen Dinge falsch und müssen geordnet werden. Der Ruf zur Umkehr ist nicht in erster Linie als Drohung aufzufassen. Jesus will die Gemeinden nicht strafen; deshalb deckt er Versagen auf und lässt ihnen Zeit.

Zusagen
Der Gehorsam gegenüber dem Herrn der Gemeinde lohnt sich. Die Zusagen sind in einer Art Merkspruch prägnant formuliert. Sie spornen dazu an, notwendige Veränderungen anzupacken oder in dem, was in Ordnung ist, treu zu bleiben.

Die Sendschreiben im Überblick

Empfänger	Lob	Tadel	Androhung	Zusage
Ephesus (2,1)	für Werke, Mühsal und Geduld (2,2-3)	weil die erste Liebe verlassen wurde (2,4)	Wegstoßen des Leuchters (2,5)	Essen vom Baum des Lebens im Paradies (2,7)
Smyrna (2,8)	eine arm geltende Gemeinde, die in den Augen von Jesus aber reich ist (2,9)	ohne Tadel		a) die Krone des Lebens (2,10) b) kein Erleiden des zweiten Todes (2,11)
Pergamon (2,12)	für das Festhalten am Glauben, trotz Verfolgungen (2,13)	weil sie mit Leuten durchsetzt ist, die die Gemeinde verführen (2,14)	Jesus wird die Verführer bekämpfen (2,16)	a) essen vom verborgenen Manna b) ein weißer Stein mit der Inschrift des neuen Namens (2,17)
Thyatira (2,18)	für Werke, Liebe, Glauben, Dienst, Geduld und stetiges Wachstum (2,19)	weil eine falsche Prophetin mit ihren Verführungen geduldet wird (2,20)	Krankheit, Trübsal und Tod der falschen Prophetin und allen ihren Anhängern (2,21-23)	a) Macht über die Völker b) den Morgenstern (2,27)
Sardes (3,1)	ohne Lob	weil der Ruf, lebendig zu sein, nicht zutrifft. Bis auf einige Leute ist die Gemeinde geistlich tot (3,14)	Die Gemeinde wird von Jesus wie von einem Dieb überrascht (3,3)	a) weiße Kleider b) die Tilgung des Namens im Buch des Lebens wird nicht ausgeführt (3,5)
Philadelphia (3,7)	für das Festhalten am Bekenntnis zu Jesus, trotz geringer Kräfte (3,8)	ohne Tadel		a) Bewahrung inmitten der Prüfungen, die kommen werden (3,10) b) Zugehörigkeit zu Gottes neuer Stadt (3,12)
Laodizea (3,14)	ohne Lob	weil Gleichgültigkeit das Handeln prägt. Die Gemeinde ist weder kalt noch warm (3,15), dafür aber selbstzufrieden (3,17)	Jesus will nicht, dass die Gemeinde so bleibt wie sie ist. Er tadelt sie deshalb scharf, erzieht sie – und macht auf sich aufmerksam (3,19-20)	das Vorrecht, mit Jesus zu herrschen (3,21)

Die universale Bedeutung der Sendschreiben

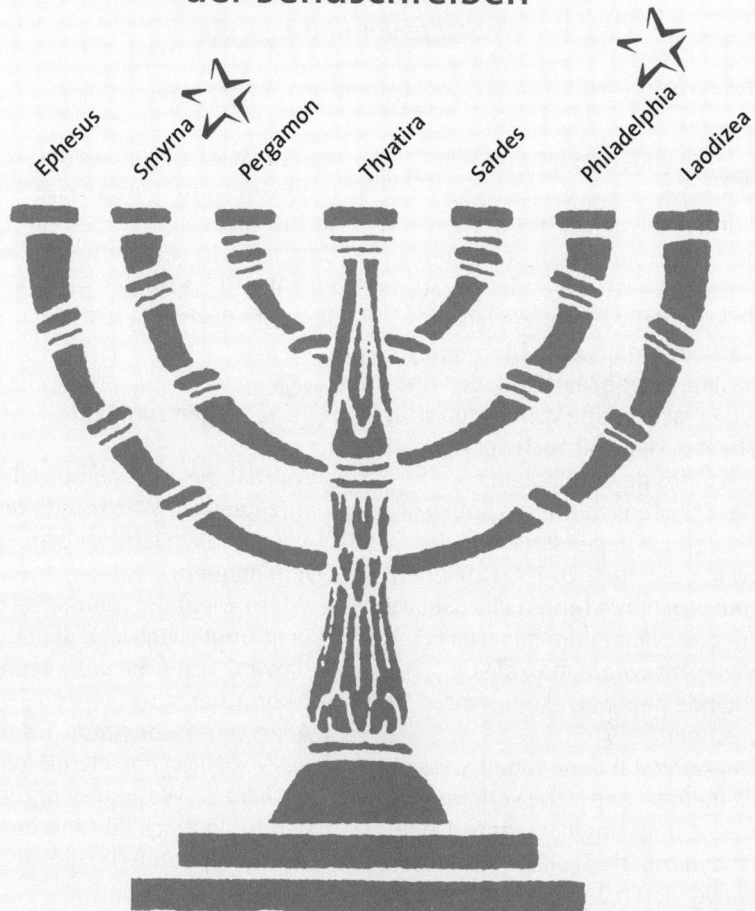

Die Botschaft, die Jesus den sieben Gemeinden ausrichten lässt, gilt zunächst sieben Ortsgemeinden im Westen von Kleinasien. Darüber hinaus gilt sie der christlichen Gemeinde an allen Orten und zu jeder Zeit. Die Zahl 7 symbolisiert als Zahl göttlicher Vollkommenheit die universale Bedeutung der Sendschreiben.

Es wird kein Zufall sein, dass die beiden tadellosen Gemeinden durch die Reihenfolge ihrer Nennung in einer gewissen Beziehung zueinander stehen. Wer will, kann dahinter die ordnende Hand des erhöhten Herrn sehen, der nach Kapitel 1,12-13 in den Gemeinden wirksam ist.

Wahrheit ohne Liebe

Offenbarung 2,1-7

 Erklärungen zum Text

Nordöstlich von Ephesus stand das berühmte Heiligtum der Artemis. Die Stadt hatte eines der größten Theater der Welt aufzuweisen. Darüber hinaus eine Therme, Gymnasien, riesige Marktanlagen und eine Prachtstraße vom Hafen zum Theater. Hier soll auch der Apostel Johannes gewirkt haben.
Die Christen in Ephesus haben sich erfolgreich gegen Personen gewehrt, die durch ihre Art zu leben und durch ihre Lehren eine Gefahr für das Evangelium bildeten (2). Vielleicht würde man die Gemeinde heute als „konservativ" bezeichnen.
Der Auferstandene tadelt, dass die Gemeinde jene Liebe verloren hat, die sie ursprünglich prägte. Liebe ist dynamisch. Sie lässt sich nicht konservieren. Jesus erwartet keine Aktionen oder neue Gottesdienstformen, sondern Umkehr. Hier liegt der Schlüssel zur Zukunft (5) – auch für viele Gemeinden heute, die zwar das richtige Bekenntnis, aber keine brennende Liebe mehr für Jesus haben!
Noch einmal folgt ein ermutigendes Lob (6). Wir wissen nicht genau, welche Irrlehren die „Nikolaiten" vertraten. Wegweisend für uns ist jedoch die Feststellung, dass Jesus in bestimmten Fällen eine deutliche Abgrenzung (*hassen*) für notwendig hält.

 Fragen zum Text

1. Was hat diese Gemeinde alles aufzuweisen? Was könnte Jesus wohl in Ihrer Gemeinde an Positivem nennen?
2. Wieso wiegt der Mangel an der ursprünglichen Liebe dennoch so schwer? Lesen Sie dazu auch 1. Korinther 13,1-3.
3. *Aber das hast du für dich, dass du die Nikolaiten hassest, die ich auch hasse.* Wo liegt der grundlegende Unterschied zwischen diesem gefälschten (!) Zitat und der Aussage in Vers 6?

 Übertragung ins Leben

Erinnern Sie sich an Ihre *erste Liebe*? Da suchten Sie vermutlich eine Einseitigkeit, die für Sie das höchste Glück bedeutete. Jesus will die Nummer eins in unserem Leben sein. Die vorbehaltlose Zuwendung zu Gott ist unsere eigentliche Bestimmung (Mt 22,37-38). Sie kann weder durch eine bibeltreue Theologie noch durch die Abgrenzung gegenüber liberalen Standpunkten ersetzt werden. „Liebe kann man nicht befehlen", sagen manche. Die Frage lautet nicht so sehr, ob wir lieben *können*, sondern ob wir überhaupt *wollen*, dass Jesus in allem den Vorrang hat.

2. Woran wird im Alltag Ihre Liebe zu Gott erkennbar?
3. Welche Schritte halten Sie für angemessen, um erneut in eine Haltung der Liebe zu dem lebendigen Gott zu kommen?

 Gesprächsimpulse

1. „Liebende haben nur eine Natur – die Gegenwart des anderen", meint Jean Giraudox (1882–1944). Wie zutreffend empfinden Sie dieses Zitat des französischen Schriftstellers in Hinblick auf menschliche Liebe?

Eigene Gedanken

_____
_____
_____
_____
_____

Verfolgt, aber nicht verlassen!

Offenbarung 2,8-11

 Erklärungen zum Text

Die Juden bildeten in Smyrna eine einflussreiche Minderheit, die von der Teilnahme am römischen Kaiserkult befreit war. Da die Christen bei den Behörden als jüdische Sekte galten, genossen auch sie Religionsfreiheit. Doch die Juden verleumdeten die Christen und lieferten sie damit Repressalien aus. Damit hatten sie sich zu Handlangern des Satans gemacht (9). Er ist (auch heute) der eigentliche Feind der Gemeinde (10).
Jesus weist sich gegenüber der bedrängten Gemeinde mit seiner göttlichen Autorität aus (vgl. 1,18; Jes 44,6). Der Herr bedauert sie nicht; denn die Gemeinde hat bewiesen, dass sie trotz Verfolgungen am ewigen Leben durch Jesus festhält. Sie ist eine von nur zwei Gemeinden, die ohne Tadel bleiben.
Jesus lässt Leid zu. Aber es ist in seiner Dauer deutlich begrenzt (10). Leiden kann auch Sterben bedeuten. Doch schlimmer als der Tod ist die ewige Verlorenheit (11), die auch „der zweite Tod" genannt wird (20,14; 21,8).

Krone (10): Siehe „Kleines Bildwort-Lexikon", Seite 122.

 Fragen zum Text

1. Jesus kennt den enormen Druck, der auf die Gemeinde ausgeübt wird. Wie reagiert er darauf?
2. Wer steht als geistiger Urheber hinter den Repressalien durch Menschen (10)?
3. Was sagt Jesus: Warum lohnt es sich dennoch, den Weg des Leidens zu gehen?

 Übertragung ins Leben

„Wo ist denn nun euer Gott? Behauptet Ihr nicht, er könne Wunder tun?" Dies war eine provozierende Anfrage an unseren christlichen Glauben, als meine Frau und mich eine folgenschwere Diagnose getroffen hatte.
In der augenblicklichen Situation hatten wir nichts zu sagen. Wir konnten Gottes Handeln oder auch das Zulassen dieser schlimmen Umstände nicht erklären. Was uns Halt gab, war das Vertrauen in seine absolute Güte. Sie wurde uns

nicht durch unsere Gefühle vermittelt und am allerwenigsten durch den Verstand. Es war einfach eine von Gott geschenkte innere Gewissheit.

 Gesprächsimpulse

1. Wie erklären Sie sich, dass Jesus der bedrängten Gemeinde keine Bewahrung oder Rettung vor all dem Bösen verspricht?
2. Welche Wirkung hat das folgende Zeugnis auf Sie? Polycarp von Smyrna musste sich 86-jährig vor dem Prokonsul verantworten. Der alte Mann weigerte sich, dem Kaiser die göttliche Verehrung zu geben. Vergebens versuchte der römische Amtsinhaber, den Greis umzustimmen. Polycarp sagte: „Du drohst mit dem Feuer, das einige Zeit brennt und bald erlischt. Aber das Feuer des kommenden Gerichts und der ewigen Strafe, das den Gottlosen bestimmt ist, kennst du nicht. Doch warum zögerst du? Tu was du willst."
Euseb, Kirchengeschichte IV,15

Eigene Gedanken

_____

_____

_____

_____

_____

Sünde beim Namen nennen

Offenbarung 2,12-17

 Erklärungen zum Text

Pergamon – eine faszinierende Stadt: Von hier aus hat das Pergament seinen Siegeszug angetreten und den Papyrus vom Weltmarkt verdrängt. Etwa 300 m über der Stadt ragte eines der sieben Weltwunder, der riesige Zeusaltar, empor. Der Asklepiostempel mit seiner angeblich Wunder wirkenden Quelle machte die Stadt zu einem „Lourdes" des Altertums. Doch lesen Sie, wie Jesus über diese Stadt urteilt (13). Wie oft verbergen sich hinter verführerischem Glanz und schmeichelnder Größe tiefe geistliche Abgründe! Das wirklich Faszinierende in Pergamon ist die Treue der Gemeinde. Doch einige Christen haben sich verführen lassen (14) – und die Gemeinde duldet sie! Hier setzt der Tadel des Herrn an. Und deshalb will er selbst gegen diese Minderheit streiten (12.16). *Tut Buße!* gilt diesen Leuten, aber auch dem Großteil der Gemeinde, der es unterlässt, Sünde beim Namen zu nennen.

Verborgenes Manna (17): Manna war die Speise, mit der Gott die Israeliten in der Wüste versorgt hat (2. Mose 16).

Weißer Stein (17): Olympiasieger erhielten als Urkunde einen beschrifteten weißen Stein zur Beglaubigung ihres Sieges.

 Fragen zum Text

1. Pergamon – von den Heilungstouristen hochgejubelt, aber von Jesus als Ort, *wo der Thron des Satans ist* abgewertet. Wie kommt es zu einer solchen Diskrepanz?

2. Die Christen mussten im Alten Testament sattelfest sein, um die Analogie zu den Begebenheiten in 4. Mose 22–24 und 31,16 zu verstehen (14-15). Welche Auswirkung hat ein Mangel an biblischem Wissen auf die persönliche Frömmigkeit?

3. Es bleibt im Dunkel der Geschichte, was diese Nikolaiten lehrten. Aber welche drei Merkmale kennzeichnet sie als Irrlehrer (14-15)?

 Übertragung ins Leben

In unseren Kirchen und Gemeinden hat vieles Platz. Schuldig scheinen oft nicht diejenigen, die Gottes Gebote übertreten, sondern solche, die Sünde beim Namen nennen; denn sie gelten als intolerant. Treue Christen können den massiven Einbruch von Unmoral und falschen Lehren nicht aufhalten. Aber es genügt nicht, ohnmächtig oder verbittert zu schweigen. Selbstverständlich ist der Rückzug in die private Frömmigkeit einfacher zu ertragen als der Spott, der sich oft über Gottes Mahner ergießt.

Verarbeitung. Welches Limit für Toleranz setzen Sie bei Fragen des Glaubens?
2. Gilt der Tadel des Auferstandenen auch uns? Gibt es Bereiche, wo deutliche Worte nötig wären? Tauschen Sie sich darüber aus.

 Gesprächsimpulse

1. „Wir haben etwas gegen Toleranz", las ich auf der Tür eines Lastwagens. In der nächsten Schriftzeile kam die erhellende Fortsetzung: „Präzision!" Die Werbung stammte aus einem Betrieb mit feinmechanischer

Eigene Gedanken

_____
_____
_____
_____
_____

Christsein ohne klare Konturen

Offenbarung 2,18-29

 Erklärungen zum Text

Auch Christen in der Stadt der Purpurfärber (Apg 16,14) werden Opfer einer Irrlehre. Das Auftreten einer falschen Prophetin wird durch die lasche Haltung der Christen gefördert (20).
Der Vorwurf lautet auf Verführung. Im Gegensatz zur Gewaltanwendung stellt sie eine sanfte Methode des Abfalls dar; denn letzten Endes willigt das Opfer in sein eigenes Verderben ein. *Hurerei* ist ein mit sexuellen Akzenten belegter Ausdruck. Sie ist in geistlicher Hinsicht gegeben, wenn Personen oder Dinge den Raum in unserem Leben gewinnen, der Gott zusteht. Jesus selbst will entschieden gegen diese Frau und ihre Anhänger vorgehen (26-28).
Die Folgen für die Verführten werden fatal sein, wenn sie sich nicht warnen lassen (22-23). Die Treuen dagegen können das Ruder in der Gemeinde nicht mehr herumreißen. Sie müssen sich darauf beschränken, das Erreichte nicht auch noch zu verlieren (24).
Isebel, auf die hier Bezug genommen wird, war eine Person des Alten Testaments. König Ahab von Israel hatte diese Phönizierin geheiratet. Damit konnte sie ungehindert Gottes Volk mit ihrem heidnischen Einfluss durchdringen. Voller Ehrgeiz bekämpfte sie die, die treu an Gott festhielten (2. Kön 9,22).

 Fragen zum Text

1. Wodurch wird gesagt, dass die Gemeinde in Thyatira zwar nicht träge, aber doch zu lasch ist (19)?
2. Woraus geht hervor, dass die Frau sich die Gabe der Prophetie anmaßte (20)?
3. Wann wäre ein klares „Halt!" bei den Aktivitäten jener Frau dran gewesen (20)?
4. Was weist darauf hin, dass diese Frau eine starke Persönlichkeit hatte (21)?

 Übertragung ins Leben

Stärken und Schwächen liegen gewöhnlich sehr dicht beieinander. Der Gemeinde in Thyatira fehlt es nicht an Liebe (19). Aber zugleich

kennt diese Liebe keine festen Grenzen.
Eine falsch verstandene Liebe verzichtet auf klare Leitlinien. Sie möchte niemanden verletzen und es allen recht machen. Sie verleugnet sich bis zur Selbstaufgabe und kann damit auch nicht vor den alles durchdringenden Augen von Jesus Christus bestehen.

2. *Ich habe ihr Zeit gegeben* (21)
Welche Erfahrungen haben Sie im Hinblick auf Zeiten zur Einsicht?
3. Der Unterschied zwischen Geduld und falscher Duldsamkeit ist der Schlüssel zum Verständnis dieses Abschnitts. Mit welchen Inhalten füllen Sie die beiden Begriffe?

 Gesprächsimpulse

1. Eine Frau behauptete mir gegenüber, sie sei eine Prophetin. Doch schon die Wirrheit ihrer Gedanken und das ungeordnete persönliche Leben weckten bei mir Zweifel. Als noch Unmoral dazu kam, war für mich klar, mit wem ich es hier zu tun hatte. Jahre später hörte ich, dass sie in psychiatrischer Behandlung sei.

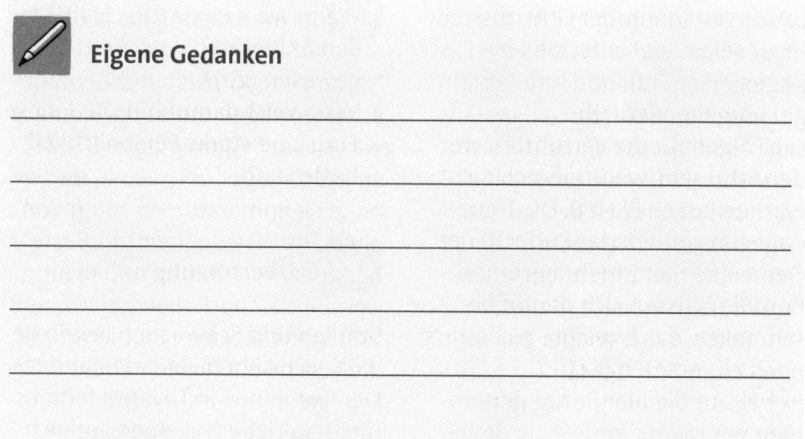 **Eigene Gedanken**

Die Gemeinde der „zweiten Generation"

Offenbarung 3,1-6

 Erklärungen zum Text

Sardes war einst die Hauptstadt von Lydien. Im siebten Jahrhundert vor Christus hatte sie einen sagenhaften Reichtum aufzuweisen. Krösus, von dem wir noch im Sprichwort reden, hatte dort als letzter König geherrscht (560–546 v. Chr.). Das, was „man" sagt, zählt nicht bei Jesus. Er schaut hinter die Kulissen einer Frömmigkeit, die keine geistlichen Impulse mehr empfängt oder an andere weitergibt. Sardes stellt die Gemeinde der zweiten oder dritten Generation dar, die viel von ihrer ursprünglichen Hingabe verloren hat. Hier bilden die lebendigen Christen inmitten von Traditions-Christen inzwischen eine Minderheit (4). Entsprechend fällt auch die Zusage für diejenigen aus, die sich wachrütteln lassen: Er wird die *nicht* aus dem Buch des Lebens streichen, die sich wachrütteln lassen. Es besteht also höchste Gefahr! Buße tun heißt in diesem Fall: Gottes Wort wieder zur verbindlichen Richtschnur für Glauben und Handeln im Alltag zu nehmen (3).

Weiß (4): Siehe „Kleines Bildwort-Lexikon", Seite 124.

 Fragen zum Text

1. Wie kommt es zu einer solch unterschiedlichen Bewertung der Gemeinde (1)?
2. Inwiefern kann ein Blick zurück in die Anfänge hilfreich sein (3)?
3. Weshalb ist der Aufruf *Werde wach!* niemals ein Selbstzweck?
4. Wie werten Sie die Ermutigung des Auferstandenen an die Minderheit?

 Übertragung ins Leben

Namen von Kirchen und Gemeinschaften sagen etwas darüber aus, was sie zu Beginn prägte. Die Zersplitterung der Christen in immer neue Denominationen zeugt von einer Unzufriedenheit mit Bestehendem. Aber häufig haben junge Gemeinden nach wenigen Generationen die gleichen Probleme wie die bereits etablierten Kirchen. Das Evangelium muss von jeder Generation persönlich angenommen und gelebt werden (3). Bezeichnungen wie orthodox, katholisch, evangelisch, frei evangelisch, evangelikal, methodistisch, pietistisch, urchristlich oder missionarisch sind noch keine Garanten für geistliches Leben.

4. Bringen Sie Jesus im Gebet all das, was in Ihrer Gemeinde nicht in Ordnung ist. Beugen Sie sich mit darunter, selbst wenn Sie die negativen Zustände nicht selbst zu verantworten haben. Beten Sie nun gezielt um Erneuerung und Veränderungen!

 Gesprächsimpulse

1. Wie würde Jesus Ihre Gemeinde antreffen, wenn er *wie ein Dieb* völlig unerwartet kommen würde?
2. Was macht eigentlich eine „lebendige Gemeinde" aus? Schreiben Sie einige Punkte auf, die sie Ihrer Meinung nach kennzeichnen!
3. Nehmen Sie das, was sie im Gespräch erarbeitet haben, und überlegen Sie, welche Beiträge Sie persönlich leisten können.

Eigene Gedanken

_____

_____

_____

_____

_____

Die Sendschreiben: eine kirchengeschichtliche Schau

Die Botschaft der sieben Sendschreiben gilt zunächst den Gemeinden in Kleinasien. Damit hält Jesus den damaligen Ortsgemeinden vor, *was ist* (1,19). Ohne Zweifel sprechen die Botschaften aber auch zu jedem von uns, der sie liest. Wir erkennen im Spiegel der Beurteilungen des erhöhten Herrn eigene Stärken und Schwächen. Einige Ausleger der Bibel entdecken darüber hinaus auch einen prophetischen Charakter der Sendschreiben, der die Abfolge kirchengeschichtlicher Perioden als das, *was geschehen soll danach* beschreibt (1,19). Diese Sichtweise hat einiges für sich, ist aber ebenso umstritten. Wie auch immer es sich verhält: Die Grundzüge der kirchengeschichtlichen Auslegung sollen hier zur Information skizziert werden:

Ephesus.
**Die junge Gemeinde
(zur Zeit des Johannes)**
Das apostolische Fundament, auf dem die Gemeinde entstand, ist noch neu. Sie muss sich mit Irrlehrern auseinandersetzen, die den Bau der Gemeinde nach ihren Vorstellungen zu beeinflussen drohen. Das Feuer der ersten Liebe weicht mehr und mehr dem Kampf um die rechte Lehre. An die Stelle der Hingabe tritt die Rechthaberei.

Smyrna
Verfolgte, aber siegreiche Gemeinde (bis etwa 312)
Schon Kaiser Nero (54–68 n. Chr.) und mehr noch Domitian (81–96 n. Chr.) haben den Christen hart zugesetzt. Doch die Verfolgung unter Kaiser Diokletian (284–305 n. Chr.) stellt alle bisherigen Schwierigkeiten in den Schatten. Die Christen werden erstmals nicht nur in bestimmten Gebieten, sondern im gesamten Römischen Reich systematisch verfolgt. Es ist eine Zeit, in der Mitläufern der Preis des Glaubens zu hoch wird.

Pergamon
Das Christentum wird Staatsreligion (ab etwa 312)
Die Lehre Bileams, eines Mannes, der gar nicht zu Gottes Volk gehörte, ist in die Gemeinde eingedrungen. Aus der verfolgten Gemeinde wird eine Staatskirche, die an Macht und Einfluss gewinnt. Die Amtsträger der Kirche sinnen offener und schamloser als zuvor nach politischen Zielen.

Thyatira
Die Zeit des Mittelalters (500-1500)
Nicht alles, was in der Zeit bis zum Ende des Mittelalters (um 1500) von der Kirche ausgeht, ist schlecht. Der christliche Glaube prägt das Leben und Denken in Europa. Zugleich ist eine ungeheure Verweltlichung mit vielen Entgleisungen der Kirche zu beklagen. In Kapitel 2,20 wird Isebel genannt, eine Frau, die selbst Hurerei treibt und andere mit verführt. Die Parallele zur Kirche der Endzeit, der „Hure Babylon" (Kapitel 17) ist unübersehbar.

Sardes
Das Zeitalter der Reformation
Das Urteil über die Gemeinde in Sardes ist vernichtend, weil sie ihrer Berufung nicht gerecht wird. Die Auseinandersetzung der Reformatoren mit der Kirche ihrer Zeit führt zur Trennung; denn die Kirche, die behauptet, das Heil zu verwalten, ist letzten Endes damit beschäftigt, ihre Pfründe zu erhalten.

Philadelphia
**Die Zeit der Mission
(ab Mitte 18. Jahrhundert)**
Dieser Zeitabschnitt der „offenen Tür" ist der Beginn der Mission durch die Gemeinde. Zunächst geschieht sie noch zaghaft und schwach, aber doch mehr und mehr überzeugend. In der zeitlichen Abfolge steht „Philadelphia" direkt vor der angekündigten Zeit der Prüfungen, *die kommen wird über den ganzen Weltkreis* (3,10).

Laodizea
**Die Zeit der trügerischen
Sicherheit (Gegenwart)**
Diejenigen, die zur Laodizea-Gemeinde gehören, haben den Blick für die geistliche Realität verloren. Sie meinen, alles sei in Ordnung. Aber sie haben noch nicht einmal bemerkt, dass Jesus nicht mehr in ihrer Mitte ist. Der Weg dieser Gemeinde führt unweigerlich zu dem religiösen Endzeitsystem, wenn sie nicht umkehrt und den einlässt, der sagt: *Siehe, ich stehe vor der Tür und klopfe an* ... (3,20).

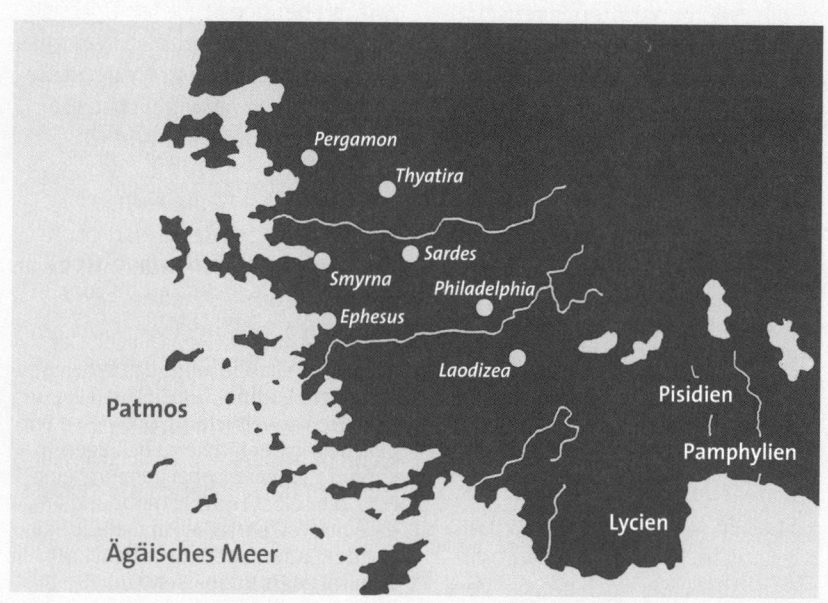

Bewahrt – bewährt!

Offenbarung 3,7-13

 Erklärungen zum Text

Philadelphia war eine griechisch geprägte Stadt inmitten eines aktiven Vulkangebietes. Oft verbrachten die Bewohner aus Angst vor einstürzenden Gebäuden die Zeit im Freien. Daran wird wohl der Zuspruch in Vers 12 anknüpfen. Welche Eigenschaften haben die Christen von Philadelphia vorzuweisen, dass ihre Gemeinde keinen Tadel empfängt? Lesen Sie bitte Vers 8 und 10 und überlegen Sie, ob die zwei genannten Eigenschaften auch bei Ihnen zu finden sind. Es ist erstaunlich, dass vor Jesus die Treue zu seinem Wort und das mutige Einstehen zu ihm als *Werke* ausreichen.

 Fragen zum Text

1. In den persönlichen Begrenzungen liegen auch Chancen. Dieser Zusammenhang wird in Vers 8 aufgezeigt. Es lohnt sich, diesen Aspekt näher zu betrachten.
2. In der Natur überleben nur die Starken. Wie lautet dagegen das geistliche Prinzip zum Überwinden? Lesen Sie noch einmal Vers 10 und formulieren Sie daraus einen Leitsatz, den Sie sich als Ermutigung einprägen sollten.

 Übertragung ins Leben

1. *Du hast mein Wort bewahrt.* Stehen wir in der Gefahr, mit guten Werken eines „sozialen Evangeliums" die Treue zu Gottes Wort zu vernachlässigen? Damit treten wir auch den Nichtchristen kaum zu nah. Gottes Wort zu bewahren heißt, es zu lesen und sich im Alltag dazu bekennen. Wer missionarisch gesinnt ist, entdeckt Gelegenheiten zu evangelistischen Gesprächen, die Jesus gibt (8).

2. *Du hast eine kleine Kraft.* Zu den Gegnern der christlichen Gemeinde gehören Juden, die zwar am Judentum festhalten, sich innerlich aber längst von Gott abgewendet haben und ihm den Gehorsam schuldig bleiben. Im Kulturchristentum unserer Zeit ist es nicht anders. Viele, die sich für Christen halten, haben meist vage oder sehr eigengeprägte Vorstellungen über Gott, über Jesus und über die Bibel. Nur eben nichts Ver-

bindliches. Sie stellen wiedergeborene Christen, die eine Minderheit geworden sind, in den Medien gern als Fundamentalisten dar, um sie damit zu diffamieren.

den, und versuchen Sie danach in der Gruppe gemeinsam herauszufinden, wie Jesus das Minus zu einem Plus verwandeln kann.

 Gesprächsimpulse

1. Erzählen Sie der Gruppe, wie Gott Sie trotz Ihrer Begrenzung oder einer empfundenen Unfähigkeit für eine Aufgabe beauftragt und gebraucht hat. Ihre Ehrlichkeit und Offenheit ist ein Türöffner für den nächsten Punkt.
2. Lassen Sie Einzelne das benennen, wo sie für sich selbst eine persönliche Begrenzung empfin-

Eigene Gedanken

_____
_____
_____
_____
_____
_____
_____
_____

Wen Jesus ausspuckt

Offenbarung 3,14-22

 Erklärungen zum Text

Den Christen in Laodizea fehlt der geistliche Biss: die Anstößigkeit einer kompromisslosen Hingabe (16), die aus der Überzeugung kommt, dass Menschen ohne Jesus verloren sind. Warum sollten sie auch? Fehlt ihnen doch selbst die Lebensgemeinschaft mit ihm (20)! Die überaus harten Worte in Vers 16 passen nicht zu dem milde lächelnden Jesus einer Volksfrömmigkeit ohne Gehorsam. Der Auferstandene spricht schonungslos von Selbstbetrug, während die Gemeinde sich selbstgefällig in der Anerkennung und dem Reichtum der Welt suhlt (17). Gerade in der Schärfe der Anklage beweist Jesus seine Liebe (19). Denn es geht um Leben und Tod.
Die Aussage in Vers 20 zeigt, dass es eine Frömmigkeit gibt, bei der Jesus Christus gar nicht mehr vorkommt.

 Fragen zum Text

1. Wie kommt es zu einer solchen Diskrepanz von Selbsteinschätzung und Realität (17)?
2. In der Bilanz der Gemeinde fehlt es an Guthaben „made in Heaven". Wie verstehen Sie Vers 18 unter diesem Aspekt!
3. *Züchtigen* kann auch übersetzt werden mit unterweisen, erziehen, bilden. In diesem Sinne wird es zum Beispiel in Apostelgeschichte 7,22 gebraucht. Wie würden Sie die Aussage in Vers 19 jemandem erklären, der noch keinen Zugang zum christlichen Glauben hat?

 Übertragung ins Leben

Warm und kalt sind Gegensätze. Lauheit steht irgendwo dazwischen. Ihr fehlt die Eindeutigkeit. Die Möglichkeit, sich sowohl nach der einen als auch nach der anderen Seite eine Tür offen zu lassen, macht sie so gefährlich.
Wie wirken wir im Alltag auf andere? Jesus verlangt keine Extreme, sondern Eindeutigkeit. Sind wir durch unsere Worte und das Verhalten klar als Christen erkennbar? Vielleicht vertreten wir mit Vorliebe den vielgerühmten „goldenen Mittelweg". Sein humanistisches Gepräge führt weg von dem

einen Weg: Jesus. In unserer pluralistischen Gesellschaft ist er schon lange ein Ärgernis. Gemeinden ohne geistliche Ausstrahlung sind leider keine Seltenheit. Sie haben dieser Welt nichts mehr zu bieten, weil sie deren exaktes Spiegelbild darstellen. Um neue Mitglieder zu werben, locken sie mit religiösen Unverbindlichkeiten. Statt geistliches Leben bieten sie eine sogenannte christliche Spiritualität an und enthalten den Menschen damit das Angebot des Heils vor, das längst nicht mehr zu ihrem Selbstverständnis gehört.

 Gesprächsimpulse

1. In welchen Bereichen leben Sie aus christlicher Überzeugung klar gegen den Trend?
2. In welchen Bereichen empfinden Sie sich selbst oder Ihre Gemeinde als zu angepasst?
3. Welche konkreten Schritte verlangt das Überwinden bisheriger Gepflogenheiten?
4. Bitten Sie Gott für Personen, die nichts (mehr) vom christlichen Glauben wissen wollen.

Eigene Gedanken

_____
_____
_____
_____
_____
_____

Die Bildersprache der Offenbarung

Die Offenbarung gehört zu einer Literaturgattung, die – ähnlich wie die Gleichnisse – bewusst mit Bildern arbeitet. Bilder verhüllen oder erhellen eine Gegebenheit.
Wer beim Bild stehen bleibt, versäumt es, die dahinterliegende Wirklichkeit zu entdecken und muss zu falschen Schlussfolgerungen gelangen.
Viele Bildelemente sind den prophetischen Büchern des Alten Testaments entnommen. Es fällt uns schwer, „hebräisch", das heißt in Bildern zu denken, denn wir haben gelernt, in einer vom griechischen Denken geformten Kultur Sachverhalte abstrakt auszudrücken. Wir folgen einer Theologie der Worte, die oft falsch und richtig per Definition bestimmt.

Bilder sind in der Bibel Informationsträger und in der Tat vielschichtig und weniger exakt als Worte. Dagegen eignen sie sich bestens, Unbekanntes darzustellen. Achten Sie zum Beispiel darauf, wie Johannes die Umgebung Gottes beschreibt. Er gebrauchet bekannte Bilder, um damit Unbekanntes zu beschreiben. Damit vermittelt er Eindrücke einer Welt, die in jeder Weise unseren Erfahrungshorizont sprengt. Beachten Sie, dass ein wörtliches Verständnis von Bildinformationen in der Regel an der Absicht der Offenbarung vorbeigeht. Jesus Christus wird durchgängig als *das Lamm* und in Kapitel 5,5 auch als Löwe dargestellt. Wenn wir auf der Bildebene stehen bleiben, müsste es in Kapitel 5 konsequenterweise das Buch *aus der rechten Hand dessen, der auf dem Thron saß* ins Maul nehmen und die Siegel aufbeißen. Stattdessen heißt es einfach, dass das Lamm die Siegel auftat. Der Sinn des Bildes vom Lamm liegt darin, das Wesen von Jesus darzustellen, wie es im Alten Testament durch das Opferlamm vorgezeichnet ist. Im Gegensatz dazu wird der Antichrist mit eingängigen Bildern als mitleidloser Gewaltherrscher dargestellt. Er vereinigt gleich mehrere Wesenszüge von Raubtieren in sich.
Die beabsichtigte Wirkung der Bilder liegt auf der Hand: Das Lamm hat gegenüber Panther, Bär und Löwe keine Chance, und doch bleibt es als Sieger souverän bestehen!

In die Kategorie Bildersprache gehören auch die Angaben von Zahlen, Summen und Maßen. Hier handelt es sich in der Regel nicht um „Zählzahlen". Wer die Zeitangaben mit kalendarisch exakten Daten gleichsetzt, läuft Gefahr, sich gehörig zu verrechnen. Bei einigen Zahlen ist allerdings unklar, ob sie wörtlich zu verstehen sind. Das trifft zum Beispiel auf die Zeitangabe *tausend Jahre* zu. Viele sprechen aufgrund von Offenbarung 20,1-6 von einem Tausendjährigen Reich, andere stellen in Abrede, dass es eine solche Zeitepoche im wörtlichen Sinn überhaupt geben wird. Sollten wir deshalb versucht sein, einander im Streit unsere Erkenntnisse um die Ohren schlagen, dann gilt es, folgenden Grundsatz des Apostels Paulus zu beherzigen: „Wenn jemand meint, er habe etwas erkannt, der hat noch nicht erkannt, wie man erkennen soll" (1. Kor 8,2).

Zahlen in der Bildersprache

Man muss kein geübter Bibelleser sein, um zu erkennen, dass bestimmte Zahlen im Buch der Offenbarung recht häufig vorkommen. Sie gehören zur Ausdrucksweise der Bildersprache, die gegenüber Außenstehenden Informationen verschlüsselt. Diese „Codierung" hat einerseits etwas damit zu tun, dass die Offenbarung in einer Zeit schwerer Verfolgungen entstand, andererseits entspricht sie ganz dem Stil apokalyptischer Literatur. Ähnlich wie bei einem Gleichnis steht die Zahl für eine Aussage. Nicht sie selbst, sondern das, wofür sie steht, muss erkannt werden, wenn man sie richtig verstehen will. Hier liegt zugleich die Schwierigkeit. Die Bedeutung von Worten ist nach verbindlichen Regeln exakt definiert. Dies ist bei den Sinnzahlen – im Gegensatz zu Zählzahlen – nicht der Fall. Hier gilt es, die eigene Begrenzung zu ertragen und Jesus um Einsicht zu bitten, statt den Mangel rechthaberisch durch voreilige Schlussfolgerungen zu überdecken.

3

H. Langenberg[1] bezeichnet die Drei als Zahl des Vollmaßes. Die Dreierstrukturen sind in der Offenbarung im Zusammenhang mit Gottes Person ziemlich auffällig. Die Drei wird in diesem Sinne auch schon im Alten Testament gebraucht (vgl. Jes 6,3). Hier einige Beispiele:

1,4-6: Gnade sei mit euch und Friede
1. von dem, der da ist, der da war und der da kommt
2. von den sieben Geistern, die vor seinem Thron sind
3. von Jesus Christus

welcher ist
1. der treue Zeuge
2. der Erstgeborene von den Toten
3. der Herr über die Könige auf Erden

4,8-11:
1. Heilig, heilig, heilig
2. Herr, Gott, Allmächtiger (so im griechischen Grundtext)
3. der da war und der da ist und der da kommt

In der Bedeutung des vollen von Gott zugeteilten Maßes erscheint die Drei in folgenden Zusammenhängen: Kapitel 6,6: *drei Maß Gerste für einen Silbergroschen*, Kapitel 16,13: *drei unreine Geister, wie Frösche* und Kapitel 16,19: *aus der großen Stadt wurden drei Teile.*

3 ½

Die Zahl erinnert an die Zeit der lebensbedrohenden Dürre, die unter Elia 3 ½ Jahre lang dauerte (1. Kön 17; Jak 5,17). Im Buch Daniel wird die Zahl 3 ½ als eine Zeit, zwei Zeiten und eine halbe Zeit beschrieben (Dan 7,25; 12,7). Sie geht unmittelbar dem Ende der Weltzeit voraus. Manche sehen in der 3 ½ als Hälfte von Sieben das verkürzte, das gebrochene Zeitmaß. Andere betonen, dass die Vollkommenheitszahl Drei durch ein Halbes überschritten wird. Die Zusammenhänge im Alten Testament und in der Offenbarung lassen die grundlegende Beobachtung zu, dass diese Zahl in Verbindung mit einer besonderen Bewährungszeit steht.

4
„Die Vier ist die symbolische Zahl der Welt nach den vier Himmelsenden, und die Drei ist die symbolische Zahl der vollendeten Offenbarungsidee Gottes. In der Verbindung beider Zahlen miteinander wird das Vollendungsziel auf zweierlei Weise erreicht: durch einfache Zusammenfügung (Addition) der Drei und der Vier entsteht die Sieben, und durch innere Durchdringung der beiden Zahlen miteinander (Multiplikation) entsteht die Zwölf" (H. Langenberg).

Beachtenswert ist, dass sowohl bei den Siegel- als auch bei den Posaunengerichten nach der vierten Einheit jeweils ein Unterbruch ist, dem drei weitere Plagen folgen. Erst mit den drei letzten Siegeln und den drei letzten Posaunen sind die göttlichen Gerichte vollendet.

In Kapitel 7,1 und 20,8 werden vier Engel, vier Winde und die vier Ecken oder Enden der Erde genannt. Vor dem Thron stehen vier Lebewesen, deren Aussehen an irdische Geschöpfe erinnern. Beim Öffnen der Siegel sind es vier Reiter auf ihren Pferden, deren Handeln weltweite Gerichte auslösen, die einem Viertel der Menschen das Leben kosten werden (6,1-8).

6
Sechs ist die Zahl, die der Sieben als Zahl der Vollendung vorausgeht.
Mit der Sechs verbindet sich die Ruhelosigkeit des Dienstes (4,8) und das Vorläufige.
In der Offenbarung kommt durch die Zahl Sechs bei den Gerichtszyklen jeweils etwas zu einem vorläufigen Abschluss. Es ist noch nicht das eigentliche Ende. Mit dem Öffnen des sechsten Siegels müssen sich die Menschen vor dem Lamm verantworten. Doch nicht das Klagen der völlig überraschten Menschen ist das letzte, sondern die Gebetsstille im Himmel beim Brechen des letzten Siegels (8,1).
Beim Klang der sechsten Posaune ist die Frist zur Umkehr abgelaufen. Aber erst bei der siebten Posaune werden Gottes geheimnisvollen Pläne vollendet (10,6-7).
Die sechste Schale, die auf die Erde ausgegossen wird, führt zu einem letzten dramatischen Höhepunkt *am großen Tag Gottes* (16,12-16). Aber erst mit dem Ausgießen der siebten Schale kommt Gottes Zorn zur Ruhe.
Mit der 666 (im Grundtext: „sechshundert, sechzig, sechs"), der *Zahl eines Menschen*, scheint die Rebellion des Menschen gegen Gott in ihrer letzten Ausprägung dargestellt zu sein.

7
„Die Sieben zeigt die geschöpfliche Vollendung, die Durchführung der Schöpfungsidee Gottes bis zum Ziele an" (H. Langenberg).
Fast unübersehbar sind die Nennungen der Zahl Sieben sowie die Siebenerstrukturen in der Offenbarung. Es werden genannt: sieben Geister Gottes (1,4), sieben Sterne, Leuchter, Gemeinden (1,20), sieben Sendschreiben an sieben Gemeinden (Kap. 2–3), sieben Siegel, Posaunen, Zornschalen, sieben Engel (8,2), sieben Donner (10,3-4). Die Offenbarung enthält sieben Seligpreisungen.
Die Zahl Sieben wird auch im Hinblick auf das Böse gebraucht, das bis zur Vollkommenheit ausreift, ehe Gott richten wird. Der Drache wird ausdrücklich als Zeichen mit sieben Häup-

tern und Kronen dargestellt (12,3). Und auch das Tier aus dem Meer hat sieben Häupter (13,1; 17,3).

10 / 1000
„Zehn ist die Zahl der Reiche dieser Welt (Dan 7,7). Sie ist dreimal mit sich selbst multipliziert. Dies ist die Zahl des dreieinigen Gottes. Weltreich wird zum Gottesreich" (Lutherbibel erklärt). Das Tier aus dem Meer trägt zehn Kronen (13,1), der Drache hat zehn Hörner (12,3) und die Hure sitzt auf einem Tier mit zehn Hörnern (17,3).
Die Tausend spielt bei den Versiegelten (12 mal 12.000) in Kapitel 7 eine Rolle. In Kapitel 20 wird sechsmal (siehe unter 6) die Zahl Tausend in Verbindung mit der Herrschaft von Christus und der Auferstandenen genannt.

12
„Die Zwölf ist die Zahl der Vollendung auf dem Wege der Heilsgeschichte … Man hat wohl die Zwölf die Bundeszahl genannt. Dieser Ausdruck ist nicht richtig, weil er zu eng ist und nicht das ganze heilsgeschichtliche Werden umfasst, wozu nicht nur der israelitische Erwählungsbund gehört, sondern auch die Gemeinde Jesu Christi. Auch diese erscheint unter der Signatur der zwölf Apostel" (H. Langenberg).
Die Frau, die Johannes zeichenhaft am Himmel sieht, trägt eine Krone von zwölf Sternen. Die Zwölf lässt an Gottes erwähltes Volk Israel denken und ebenso an die Gemeinde von Jesus in ihrer Gesamtheit, die auf die Lehre der Apostel gegründet ist. Die Vollendung des Heils durch Erlöste aus Juden und Nichtjuden steht hinter der Erwähnung der zwölf Tore und zwölf Grundsteine (21,12-14).

Die Zwölferstruktur des himmlischen Jerusalems trägt ganz klar den Charakter von Bildersprache. Dazu gehört auch die Hundertvierundvierzig als Quadratzahl der Zwölf für die Maße der Mauer (21,16-17).

144.000
Zwölfmal zwölftausend ist ebenso wenig eine Zählzahl wie die Angabe, siebzigmal siebenmal (Mt 18,22). Für die symbolische Deutung von Kapitel 7,4-8 spricht, dass gesagt wird, die Versiegelten kämen *aus allen Stämmen Israels*. Dabei werden die Stämme Dan und Ephraim gar nicht genannt; denn „Zwölf mal Zwölf zeigt die Erreichung des heilsgeschichtlichen Zieles an. Das ist der Fall beim Maß der Mauer (21,17) … Die Vervielfältigung der 144 mit der Zahl 1000 zeigt die ganze reiche Fülle an. Die Zahlen 144 und 144.000 sind also keine arithmetische Größen, die abgezählt werden können, sondern symbolische Werte …" (H. Langenberg).

H. Langenberg, „Die prophetische Bildersprache der Apokalypse", Verlag Ernst Franz Metzingen, Württemberg

Gottes Thron

Offenbarung 4,1-11

 Erklärungen zum Text

Eine Tür war aufgetan: Johannes erhält Einblick in die sonst unsichtbare Welt Gottes. Dies geschieht nicht dadurch, dass er selbst in irgendwelche Höhen *hinaufsteigt* (1), sondern weil Gottes Geist ihn ergreift. Oben und unten beschreibt keine räumliche Distanz, sondern die Trennung der Heiligkeit Gottes vom Bereich der Sünde.

Mittelpunkt in Kapitel 4 bildet der Thron Gottes. Er wird übrigens zwölf Mal genannt. Wenn Sie wollen, dann markieren Sie doch die Vorkommen in Ihrer Bibel mit einer Farbe. Nehmen Sie, wenn Sie zu Kapitel 5 kommen, eine andere Farbe und markieren Sie dort das Wort *Buch*.

Vers 5 beschreibt Gottes Gegenwart wie in 2. Mose 19,16 und 20,18. Die *sieben Fackeln* weisen auf den Heiligen Geist hin (vgl. 1,4; 3,1). Sieben ist die Zahl der Vollkommenheit. Sie taucht auch bei der Beschreibung des Lammes (5,6) auf.

Die geflügelten Wesen heißen einfach nur *Gestalten*. Es handelt sich wohl um Seraphim (vgl. Jes 6,2-4). Sie proklamieren Gottes Heiligkeit. Beachten Sie im Gegensatz dazu die Ältesten (4): Ihr Gebet kennzeichnet das vertraute „Du" (9-11). Auffallend ist, dass sie beim Beten die Kronen ablegen. Vor Gottes Thron hat Hochmut keinen Raum mehr, weil nur einem alle Würde zukommt: dem Herrn, unserem Gott!

 Fragen zum Text

1. Ein eigenes Erscheinungsbild heißt neudeutsch: Corporate Identity. Beim Bibellesebund etwa ist die stilisierte Öllampe ein weltweites Erkennungszeichen. Erkennen Sie die „CI" in diesem Text: Es werden die Edelsteine *Jasper* und *Sarder* genannt. Wo und wie wird die Herrlichkeit des Himmels sonst noch erkennbar? Lesen Sie dazu 2. Mose 28,17-21 und Offenbarung 21,18-20.

2. Welchen Zusammenhang erkennen Sie zwischen dem Gebet und der Gebetshaltung bei den Ältesten (9-10) und bei sich selbst?

3. Welche Aspekte über die Herkunft der Schöpfung finden Sie in der himmlischen Anbetung (11)?

 Übertragung ins Leben

Christen sind heute schon vor Gottes Thron „zu Hause". Noch ist es uns nicht möglich, Gott in seiner Herrlichkeit zu sehen. Aber durch das Gebet haben wir bereits das enorme Vorrecht, bis in seine unmittelbare Gegenwart zu gelangen.
Benötigt es Ihrer Meinung nach a) ein Theologiestudium, b) etwas Glück oder c) Stille vor Gott, um von Gottes Geist in Beschlag genommen oder doch zumindest geleitet zu werden? Wie setzen Sie Ihre Einsicht im Alltag um?

 Gesprächsimpulse

1. Welche Einzelheit in diesem Kapitel spricht Sie besonders an?
2. „Im Gebet verlassen wir sozusagen den irdischen, begrenzten Bereich und kommen vor den Thron Gottes. Welch ein gewaltiges Vorrecht!" (William MacDonald). Was bedeutet Ihnen persönlich dieses Privileg?

Eigene Gedanken

_____
_____
_____
_____
_____

Niemand ist würdig

Offenbarung 5,1-5

 Erklärungen zum Text

Acht Mal taucht in diesem Kapitel der Begriff *Buch* auf. Es handelt sich genaugenommen um eine Schriftrolle, wie sie in der Antike gebräuchlich war. Die siebenfache Versiegelung deutet darauf hin, dass es sich um ein offizielles und beglaubigtes Dokument handelt. Kapitel 6 bis 8 der Offenbarung werden zeigen, dass es den Ablauf der Weltgeschichte bis zu ihrem Ende enthält.
Die Frage des mächtigen Engels, wer würdig ist, die Siegel zu brechen und damit die Gerichte der Endzeit in Gang zu setzen, müssen wir im Zusammenhang mit Kapitel 4,11 sehen. Dort beteten die Ältesten: *Herr, unser Gott, du bist würdig.* Gottes Heiligkeit und Allmacht ist das Maß, mit dem in Vers 2 gemessen wird. Das Ergebnis von Vers 3 und 4 besagt: Niemand entspricht so vollkommen Gottes Hoheit und Wesen wie Jesus; denn er hat durch seinen Gehorsam (die Macht der Sünde) überwunden (5).
In Vers 5 wird Jesus mit den Titeln genannt, mit denen er im Alten Testament angekündigt wurde.

Der Löwe aus Juda ist einer der ältesten Bezeichnungen (1. Mose 49,10). *Die Wurzel Davids* weist auf seine – in den Evangelien beglaubigte – irdische Herkunft hin (Jes 11,1).

 Fragen zum Text

1. Gleicher Ort, verschiedene Perspektiven: Wie unterscheiden sich die Eindrücke aus Kapitel 4,2 und 5,1?
2. Wofür werden wohl Himmel, Erde und der Bereich unter der Erde (3) stehen, wenn wir davon ausgehen, dass damit kein antikes Weltbild mit drei Stockwerken gelehrt wird?
3. Welchen Sinn hat die Frage des Engels, wenn einer der Ältesten die Antwort kennt?

 Übertragung ins Leben

Ohne Zweifel gibt es Menschen, deren innere Werte ihnen eine Würde verleihen und sie aus der Masse herausheben. Danken wir Gott dafür, wenn es Personen gibt, die uns oder unseren Kindern positive Vorbilder sind! Doch der Blick in Gottes Thronsaal hilft uns, die Verhältnismäßigkeit zu bewahren: Zu allen Zeiten haben wir dazu geneigt, Menschen zu vergöttern und ihnen eine Stellung zu geben, die ihnen nicht zusteht. Keiner der „Heiligen", der großen Philosophen, Politiker, Religionsgründer, Reformatoren oder heutigen Mega-Stars kann sich mit Jesus Christus vergleichen. Er allein spiegelt Gottes Wesen vollkommen wieder; denn er blieb bei allen Versuchungen ohne Sünde.

 Gesprächsimpulse

1. Mit Würde ist eine von Gott geschenkte Autorität gemeint. Wie haben Sie sie in der Begegnung mit anderen schon erlebt? Wer ist für Sie mit einem bestimmten Verhalten zu einem Vorbild geworden?
2. Der Älteste spricht davon, dass Jesus *überwunden* hat. Möchten Sie mehr darüber erfahren, was das mit Ihnen zu tun hat? Schlagen Sie auf: Johannes 16,33; Offenbarung 3,21; 12,11; 1. Johannes 5,4.

Eigene Gedanken

Die Bedeutung des Siegels in der Antike

Noch heute kennen wir das Siegel an Notbremse, Feuerlöscher, Computergehäuse, Gasschieber, auf der notariellen Urkunde oder an einem Wohnungseingang. Etwas versiegeln hieß in antiker Zeit ebenso wie heute: eine Sache rechtlich beglaubigen, sie bestätigen, sie (vor Missbrauch) zu sichern oder für andere unantastbar zu erklären.

Als man Daniel in die Löwengrube warf, wurde sie abgesichert, um Manipulationen auszuschließen (Dan 6,18). Aus gleichem Grund wurde das Grab von Jesu versiegelt (Mt 27,66).

Durch Siegelabdrücke wurde Eigentum gekennzeichnet. So tragen viele Lehmziegel in Mesopotamien oder Ägypten die Namen der jeweiligen Könige. Im übertragenen Sinne weist der Heilige Geist die Gläubigen als Gottes Eigentum aus (2. Kor 1,21-22). Er ist Gottes Siegel und damit eine Garantie dafür, dass Gott alle Zusagen einlösen wird, die er seinem Volk gegeben hat (Eph 1,13).

Schriftstücke wurden erst durch den Siegelabdruck zu offiziellen Dokumenten. Sie hatten die Bedeutung einer Unterschrift. So schrieb etwa Isebel Briefe in Ahabs Namen *und versiegelte sie mit seinem Siegel* (1. Kön 21,8).

Um Dokumente vor unbefugtem Lesen zu schützen, wurden sie versiegelt (Jes 29,11). Die Siebenzahl der Versiegelung in Offenbarung 5 weist auf Gottes Vollkommenheit hin. Bei zusammengerollten Schriftstücken wurde das Endstück mit der Rolle durch Siegelwachs verklebt. Auf die Außenseite der Schriftrolle befand sich (vor allem bei amtlichen Dokumenten) eine kurze Inhaltsangabe. Damit war sie *innen und außen beschrieben* (5,1). Sie konnte nur durch Brechen der Siegel geöffnet und gelesen werden.

Das Brechen der Siegel an amtlichen Dokumenten war nur der dazu autorisierten Person gestattet. Die Suche vor Gottes Thron nach dem, der würdig ist, die Schriftrolle zu öffnen (Offb 5,2), hat also eine rein juristische Komponente. Wir könnten geneigt sein, „würdig" als charakteristisches Merkmal zu verstehen.

Siegel wurden aus Sicherheitsgründen gern als Ringe am Finger getragen (vgl. 1. Mose 41,42; Hag 2,23). Sie bestanden meist aus Edelsteinen, die von Siegelstechern bearbeitet worden waren (2. Mose 39,6).

Eine Spezialität Mesopotamiens war die Herstellung von Rollsiegeln aus Ton. Sie gab es bereits zur Zeit von Abraham und stellten über Jahrhunderte einen Exportschlager des Zweistromlandes dar.

Ob als kleine Steinwalze oder als Ring benutzt: ein Siegel schuf auf einem weichen Untergrund stets ein Gepräge mit erhabenen Bildern oder Schriftzeichen, das die Griechen „Charakter" nannten (vgl. Hebr 1,3; Luther übersetzt hier das griechische Wort *Charakter* mit *Ebenbild*).

Jesus Christus in der Offenbarung

Es ist aufschlussreich, die vielen alttestamentlichen Aussagen über Jesus Christus in der Offenbarung zu entdecken. Vieles, was im ersten Teil der Bibel prophetisch über ihn mitgeteilt wurde, wird uns im letzten Buch der Bibel als geistliche Realität vor Augen geführt. Er ist die zentrale Person in Gottes Plan für uns Menschen. Der Vergleich mit den Bezugsstellen führt auch zu einer vertieften Erkenntnis der Prophetie im Alten Testament.

1,6 Er hat uns zu Königen und Priestern gemacht *2. Mose 19,6*
1,7 Siehe, er kommt mit den Wolken *Dan 7,13*
und es werden ihn sehen alle, die ihn durchbohrt haben, und es werden wehklagen um seinetwillen *Sach 12,10*
1,13 einem Menschensohn gleich *Dan 7,13*
um die Brust mit einem goldenen Gürtel *Dan 10,6*
1,14 sein Haar weiß wie weiße Wolle *Dan 7,9*
1,14 seine Augen wie eine Feuerflamme *Dan 7,9*
1,15 seine Füße wie Golderz *Dan 10,6*
1,15 seine Stimme wie großes Wasserrauschen *Hes 1,24*
3,7 der da hat den Schlüssel Davids, der auftut, und niemand schließt zu, der zuschließt, und niemand tut auf *Jes 22,22*
3,14 der treue Zeuge *Ps 89,38*
3,19 Wen ich liebe, den weise ich zurecht *Spr 3,12*
5,5 Der Löwe aus dem Stamm Juda *1. Mose 49,9*
5,5 Der Spross aus der Wurzel Davids *Jes 11,10*
5,6 ein Lamm (wie) geschlachtet *Jes 53,7*
5,6 sieben Augen ... über die ganze Erde *Sach 4,10b*
5,12 das Lamm, das geschlachtet ist *Jes 53,7*
6,17 Es ist gekommen der große Tag ihres Zorns, und wer kann bestehen? *Joel 2,11*
7,17 (Das Lamm) wird sie weiden und führen zu den Quellen *Ps 23,2*
11,15 unseres Herrn und seines Gesalbten (oder: Christus) *Ps 2,2*
12,7 Sie gebar einen Sohn, *Jes 7,14; 9,5*
(der alle Völker weiden sollte) mit eisernem Stab *Ps 2,9*
14,14 Und ich sah, und siehe, eine weiße Wolke. Und auf der Wolke saß einer, der gleich war einem Menschensohn *Dan 7,13*
15,3 Groß und wunderbar sind deine Werke *2. Mose 15,11*
15,4 Alle Völker werden kommen und anbeten vor dir *Ps 86,9*
17,14 Er ist der Herr aller Herren und der König aller Könige *5. Mose 10,17*
19,11 Er richtet und kämpft mit Gerechtigkeit *Ps 96,10*
19,12 Seine Augen sind wie eine Feuerflamme *Dan 10,6*
19,15 Und aus seinem Munde ging ein scharfes Schwert, und er wird regieren mit eisernem Stab *Ps 2,9; Jes 11,4*
19,16 König aller Könige und Herr aller Herren *5. Mose 10,17*
22,7 Siehe, ich komme (bald) *Sach 2,14*

Jesus ist würdig

Offenbarung 5,6-14

 Erklärungen zum Text

Das Bild vom Lamm stellt nicht das tatsächliche Aussehen von Jesus dar, sondern zeigt uns seine Wesenszüge. Er hat sich für uns zum Opfer gegeben! Die sieben Hörner symbolisieren seine vollkommene Machtfülle und die Augen seine Allgegenwart.

Vers 7: Das unscheinbare Lamm wird von Gott einzigartig gewürdigt! Bleiben Sie noch eine Weile sinnend und betrachtend bei diesem zentralen Punkt der Heilsgeschichte stehen. Durch das Lesen haben Sie Anteil an dem Augenblick des Machtempfangs von Jesus. Es ist der denkwürdige Augenblick, den bereits Daniel Jahrhunderte zuvor in einer Vision gesehen und beschrieben hat (Dan 7,13-14).

Beachten Sie in Vers 8 und 11 die Reaktion in der unmittelbaren Umgebung des Thrones. Goldene Schalen voller Weihrauch gehörten zu den Ritualen des alttestamentlichen Tempeldienstes. Ihr Wohlgeruch und der aufsteigende Rauch stehen für unsere Gebete (vgl. Ps 141,2).

Im Gegensatz zu Kapitel 4,9-11 stimmen hier die Engel in den Lobpreis mit ein. Ein weiterer Unterschied zu Kapitel 4 ist der Lobpreis, der nun nicht an Gott gerichtet wird, sondern an das Lamm.

Fällt Ihnen auf, dass die Engel nicht das vertraute „Du" von Vers 9 und 10 gebrauchen? Sie proklamieren die Ehre des Lammes (12). Nach Hebräer 2,16 sind die Engel keine Empfänger der Gnade Gottes, sondern nur Zeugen seines Handelns an uns. In Vers 11 wird ihre Anzahl im griechischen Grundtext mit dem größten elementaren Zahlwort und das auch noch im Plural angegeben: „Myriaden von Myriaden" (vgl. Hebr 12,22).

Lamm (6), *Schale* (8): Siehe „Kleines Bildwort-Lexikon", Seite 123.

 Fragen zum Text

1. Welchen Unterschied und welche Parallelen sehen Sie im Vergleich von Vers 13 zu Philipper 2,9-11?
2. Was erfahren Sie in Vers 8 über den Verbleib Ihrer Gebete?

Übertragung ins Leben   **Gesprächsimpulse**

Wer in der Stille vor Gott seine majestätische Nähe erlebt, kennt schon ein wenig die unbeschreibliche Herrlichkeit, die von ihm ausgeht. Ihr werden sich einmal selbst diejenigen nicht entziehen können, die jetzt noch stolz Gott leugnen und sich selbst vergöttern. Gott in seiner Allmacht und Herrlichkeit zu kennen, schützt davor, dass wir uns vom Glitter und der Macht menschlicher Halbgötter blenden lassen. Wer das Original kennt, gibt sich mit billigen Kopien nicht mehr zufrieden.

1. Tragen Sie aus dem „Liedtext" (9-10) zusammen, was Jesus für uns getan hat und nehmen Sie diese Fakten als Grundlage für eine Zeit der Anbetung und des Danks. Dadurch entsteht eine harmonische Einheit zwischen Himmel und Erde, wie Jesus sie gewünscht hat, als er uns das Vaterunser lehrte.

Eigene Gedanken

Die apokalyptischen Reiter

Offenbarung 6,1-8

Erklärungen zum Text

Das Brechen der Siegel setzt die Ereignisse der Endzeit nach Gottes Plan in Gang. Das Zentrum der Macht liegt in der Hand des Lammes.
Die gewaltige Stimme der vier Gestalten entspricht ihrer Machtstellung (4,6-7). Die apokalyptischen Reiter erhalten von ihnen Befehl. Vergessen wir nicht: Ihr Erscheinen wird nur in der unsichtbaren Welt gesehen. Wir auf der Erde haben jedoch ihre katastrophalen Auswirkungen vor Augen.
Der erste Reiter könnte mit dem in Kapitel 19 verwechselt werden. Und genau das scheint auch beabsichtigt. Er herrscht mit Gewalt (Kriegsbogen) und ist dabei erfolgreich (Krone). Der Reiter in Kapitel 19 dagegen hält ein Schwert und richtet die Völker mit Gerechtigkeit. Sein Gefolge ist das Heer des Himmels. Dem apokalyptischen Reiter dagegen folgen jedoch Krieg (4), Hunger (5) und Tod (8). Die Waage in der Hand des dritten Reiters kennzeichnet die quantitative Begrenzung. Gerste und Weizen stehen für die Grundnahrungsmittel. Erstaunlich ist, dass die Luxusgüter Öl und Wein von der Verknappung nicht betroffen sind. Es scheint, dass die Bilder für die sich dramatisch vertiefende Kluft zwischen Arm und Reich stehen.
Das Kommen des dritten Reiters (5) begünstigt Aufstände und Kriege. Der vierte Reiter *Tod* muss nur noch für das Totenreich abräumen. Damit ist der vorläufige Aufenthaltsort der Toten gemeint (griech. Hades).
Es sind Szenarien, die mit bedrückender Intensität zunehmen, aber zugleich das Nahen der kommenden Welt ankünden.
Beachten Sie, dass es in Vers 8 heißt: *Und ihnen* (nicht: ihm) *wurde Macht gegeben* ... Die vier Reiter erscheinen nicht nacheinander, sondern zugleich auf der Weltbühne.

 Fragen zum Text

1. Welche Sicherungsmaßnahmen verhindern, dass die Verderbensmächte „einfach so" durch Raum und Zeit galoppieren (1.3.5.7)?
2. Beziffern Sie aus der Zusammenfassung in Vers 8 das Ausmaß

der Katastrophen. Gab oder gibt es dafür Beispiele aus der Geschichte?

 Übertragung ins Leben

Aus einer Studie der Vereinten Nationen geht hervor, dass Hungersnöte überwiegend die Folgen kriegerischer Auseinandersetzungen sind. Hier decken sich die globalen Entwicklungen mit den prophetischen Aussagen der Bibel. Es ist möglich, dass sich die apokalyptischen Reiter schon auf ihren Streifzug über die Erde aufgemacht haben.

 Gesprächsimpulse

1. Wie reagieren Sie persönlich auf Krieg, Gewalt und Hunger? Sollten Christen sie nur achselzuckend hinnehmen, weil ja alles so kommen muss?
2. Sprechen Sie mit Gott über Ihre Antwort. Lassen Sie sich zeigen, wie Sie nach Ihren Möglichkeiten den Nöten unserer Zeit begegnen können.

Eigene Gedanken

Schrei nach Gerechtigkeit

Offenbarung 6,9-11

 Erklärungen zum Text

Das fünfte Siegel macht deutlich, dass das Bekenntnis zu Jesus Christus bis zum Ende der Zeit nicht verschwinden wird. Der Herr wird den Christen, *die auch noch getötet werden sollen* (11), die Kraft geben, mit ihrem Leben zu bezahlen. Die Zahl derer, die wegen ihres Bekenntnisses zu Christus sterben werden, liegt nicht im Ermessen der Verfolger. Gott hat ein Limit festgesetzt, das sie nicht überschreiten können.

Johannes sieht die Seelen der Märtyrer in Gottes Nähe (9). Es heißt zwar, dass sie ruhen (11), aber die Getöteten dämmern nicht in einem Seelenschlaf dahin. Im Gegenteil, sie sind aktiv (10). „Der Ruf nach Rache passt nicht zu Christen", sagte jemand. Doch es ist ja ein Schreien nach *Gottes* Gerechtigkeit. Weil Gott heilig ist, kann er Ungerechtigkeit nicht billigend dulden. Er muss sie richten. Der Wunsch der Getöteten ist, dass es möglichst bald geschieht.

Die weißen Gewänder sind Zeichen der Ehre. Sie überdecken die „Blöße" der Getöteten (vgl. 2. Kor 5,1-3).

 Fragen zum Text

1. Welche Fakten aus dem Bibeltext können Sie der spöttisch gemeinten Annahme entgegensetzen, nach der jemand nach seinem Tod die Radieschen von unten anschaut?
2. Inwiefern haben die Mörder auch nach dem Tod ihrer Opfer keine Ruhe (10)? Lesen Sie dazu auch 1. Mose 4,10!
3. In welchem Zusammenhang stehen die Bezeichnungen für Gott mit der Bitte um Rache (10)?

 Übertragung ins Leben

Manchmal erschreckt mich, dass bei Jesus nicht das biologische Überleben seiner Zeugen die oberste Priorität erhält. *Wer überwindet*, hat in den Sendschreiben (Kapitel 2–3) in keinem Fall die Verheißung, mit heiler Haut davonzukommen. Rettung oder Erlösung weist auf das ewige Leben, das, wenn es sein muss, durch die Schrecken von Leiden oder sogar eines gewaltsamen Todes hindurch muss.

Vers 11 dieses Kapitels zeigt, dass für etliche Christen das Zeugnis für Jesus die Hingabe des Lebens mit einschließt.
Manche christlichen Lieder besingen Gottes unendliche Gnade. Davon ist allerdings in der Bibel keine Rede. Gottes Gnade ist zwar erstaunlich, aber sie hat ein Ende, wenn er richten wird.

 Gesprächsimpulse

1. Überlegen Sie, inwieweit Ihr Lebensalltag vom Zeugnis für Christus geprägt ist! Welche Nachteile haben Sie schon hinnehmen müssen, weil Sie Jesus Christus nachfolgen?
2. Danken Sie Gott, dass wir in geordneten freiheitlichen Verhältnissen leben.
3. Bitten Sie um Standhaftigkeit und Ausdauer für diejenigen, die zum Beispiel in islamischen Ländern Zeugen von Jesus sind. Nennen Sie nach Möglichkeit konkrete Namen und Anliegen!

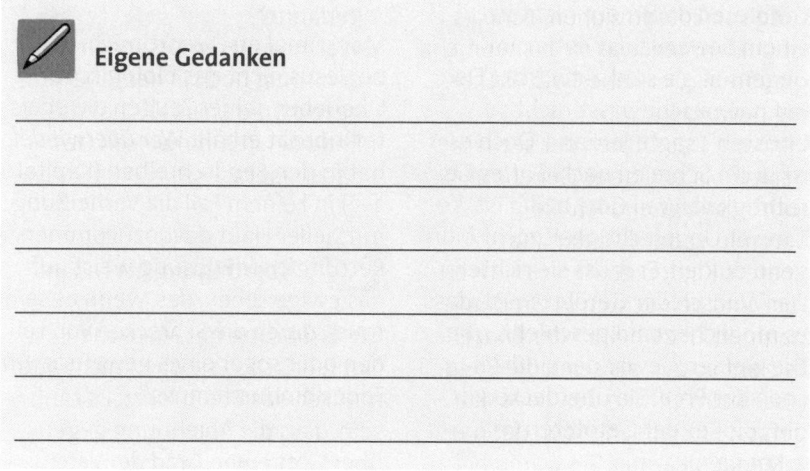

Eigene Gedanken

Der „liebe Gott" wird zornig

Offenbarung 6,12-17

 Erklärungen zum Text

Beim Öffnen des sechsten Siegels wird die Aufmerksamkeit von Johannes zur Erde gelenkt. Gewaltige kosmische Veränderungen zerstören die Ordnungen in der Natur. Es sind Naturereignisse, die das Gericht des Herrn ankündigen (Joel 3,3-5; Mt 24,29-31).
Nichts wird bestehen bleiben. Die Ordnung weicht dem Chaos – was bleibt, ist der Mensch in seiner Verantwortung vor Gott. Damit ist der Reiche dem Armen gleichgestellt und der Einflussreiche dem Ohnmächtigen. Sie versuchen, sich durch Flucht aus der Verantwortung vor Gott zu ziehen, denn es ist gekommen, was sie bisher nicht glaubten: „Der liebe Gott" ist zornig geworden (17).
Hinweis: Das Öffnen der sechs Siegel hat bis zu Gottes Gericht geführt. Es folgt endlich die Sammlung der Erlösten (Kap. 7). Spätere Kapitel greifen zeitlich zurück und beleuchten in Großaufnahmen Einzelheiten der Endzeit. Es sieht so aus, als seien die Ereignisse beim Öffnen der Siegel kurz gefasste Inhaltsangaben der nachfolgenden Kapitel. Sie waren bei amtlichen Schriftrollen üblich und befanden sich auf der Außenseite des Dokuments (vgl. „Die Bedeutung des Siegels in der Antike", Seite 44).

 Fragen zum Text

1. Jesus hat bereits zu seinen Jüngern über diese Zeit geredet. Lesen Sie Matthäus 24,29 und Lukas 21,25-28. Wie werden die Menschen mental auf diese Ereignisse reagieren?
2. Welche signifikanten Merkmale einer „Rückabwicklung" der Schöpfung werden im Einzelnen genannt?
3. Welche inneren Ursachen werden sonst noch in der Bibel aufgezeigt, die ebenfalls auf das Ende der Zeit hinweisen (Jes 24,20; Joel 3,3-5)?

 Übertragung ins Leben

Die Erfahrung mit Menschen in Not lehrt, dass sie eben nicht automatisch das Beten lehrt. Es kann sein, dass die Ablehnung gegenüber Gott einen Grad der Verstockung erreicht hat, wo ein Umdenken nicht mehr möglich ist. Der Aufschrei *Fallt über uns, ihr Berge!* bezeugt den trotzigen Widerstand bis zuletzt. Er dokumentiert die Flucht des Menschen vor Gott, der sich seinem Richter durch den Tod entziehen will. Diese Rechnung geht allerdings nicht auf.

4. Beten Sie namentlich für Personen in Ihrer Familie oder in der Nachbarschaft, die Gottes Autorität über sich (noch) ablehnen.
5. Bitten Sie Gott, Ihnen zu zeigen, wie Sie diesen Menschen positive Anstöße zum Glauben geben können.

 Gesprächsimpulse

1. Welche Antwort haben Sie auf die Frage, mit der dieses Kapitel schließt (17)?
2. Warum ist es falsch, eine sogenannte negativ aufgeladene Endzeitstimmung zu verbreiten und den Mitmenschen den Mut zu nehmen (Lk 21,28; Phil 4,5)?
3. Sprechen Sie mit Gott über die positiven Aspekte seines Zorns.

Eigene Gedanken

Unter Gottes Schutz

Offenbarung 7,1-8

 Erklärungen zum Text

Die *vier Engel an den vier Ecken der Erde* erinnern an die Grundlagen der Navigation: Schon in der antiken Seefahrt benutzte man Quadrantentabellen, um aus den Koordinaten zweier Punkte die Richtung bestimmen zu können. Gott selbst bestimmt Zeit und Ausmaß des Wirkens der *vier Winde*, die den Christen jüdischer Herkunft als Verderbensmächte bekannt waren (Jer 49,36; Sach 6,5). Die Kennzeichnung der Gläubigen (3) bewirkt zunächst einen Aufschub des Gerichtes, das in Kapitel 8,6-12 beschrieben wird. Sie sind als sein Eigentum erkennbar (vgl. 9,4; Hes 9,4-6).
Wer sind die Hundertvierundvierzigtausend?
1. *Knechte Gottes* (3). So werden die Empfänger der Offenbarung in Kapitel 1,1; 2,20 und 22,3 genannt.
2. Menschen, die durch das Siegel den Namen von Jesus und dem Vaters tragen (14,1), also Christen jüdischer und heidnischer Herkunft.
3. Personen, *die erkauft sind von der Erde* (14,3) – und nicht speziell aus dem Volk Israel. Für diese Deutung spricht, dass es bei der Aufzählung um die Zwölfzahl als Ausdruck der heilsgeschichtlichen Fülle geht; denn bei der Auflistung fehlen die Stämme Dan und Ephraim.
Hundertvierundvierzigtausend (4): siehe „Zahlen in der Bildersprache", Seite 39.

 Fragen zum Text

1. Was erfahren Sie über die Platzierung des Siegels (3) und über seine Darstellung? Lesen Sie dazu auch Kapitel 3,12 und 14,1!
2. Welche Aufgabe haben die vier Winde (2-3)?
3. Wo beginnt in Offenbarung 7 die Audition (das Hören) und wo die Vision (das Sehen)?

 Übertragung ins Leben

In der Kriminaltechnik spricht man bei der DNA-Analyse vom sogenannten genetischen Fingerabdruck. Mithilfe dieses Verfahrens kann etwa die Identität einer Person ermittelt werden.

Bei der Verwaltung von Adressdaten erleichtern Selektionskennzeichen das Auffinden bestimmter Kundengruppen.

Banknoten können durch eine spezielle Markierung gekennzeichnet werden, zum Beispiel, um später ihre Herkunft aus Lösegeldzahlungen nachzuweisen.

Die Beispiele menschlicher Selektionstechniken erleichtern uns die Vorstellung, dass Gott in vollkommener Weise – und für uns unsichtbar – Unterscheidungen trifft, die kenntlich machen, wer zu ihm gehört.

 Gesprächsimpulse

1. Welche Eigenschaften lässt Gottes Wesen erkennen, wenn er darauf Wert legt, dass die Menschen, die zu ihm gehören, klar erkennbar und bis auf die letzte Person vollzählig sein sollen?
2. Der Ausdruck *Knechte Gottes* weist darauf hin, dass ein Mensch gegenüber Gott abhängig ist und ihm Gehorsam erweist. Wie wird beides in Ihrem Alltag ersichtlich?

Eigene Gedanken

_____
_____
_____
_____
_____

Am Ziel angelangt

Offenbarung 7,9-17

 Erklärungen zum Text

Vers 9: Wovon Johannes in Vers 4 nur gehört hat, das sieht er nun: Die Schar der Christen, die auf der Erde stets eine Minderheit bildete, wird in Gottes Welt unzählbar sein. Die „Kamera" schwenkt von der Erde (1) zum Himmel vor den Thron (9). Wie im Film werden Einzelheiten aus dem Leben dieser Menschen ausgespart. Wichtig ist allein: Sie haben das Ziel erreicht!
Vers 10-12: Achten Sie darauf, was die Erlösten sagen. Zusammen mit den vier Gestalten und den Ältesten beten sie an, statt darüber zu klagen, wie viel Gott ihnen zugemutet hat. Die überwältigende Nähe Gottes lässt alle irdische Mühsal vergessen.
Johannes sieht die große Menschenmenge als Erlöste in ihrer Vollendung (9). Die Spuren von Leid und Schuld aus der Vergangenheit sind ausgelöscht. Man sieht den Menschen nicht an, woher sie kommen; deshalb muss Johannes die Frage an den Ältesten zurückgeben (14). Sie haben an Jesus Christus geglaubt und sie waren keineswegs Heilige, sondern Sünder. Das wird aus der Tatsache deutlich, dass sie die Vergebung durch das Blut von Jesus nötig hatten und ihre *Kleider* waschen mussten (14).

 Fragen zum Text

1. Wie sieht es um Gottes Thron herum aus? Skizzieren Sie die Aufstellung der Genannten (9-11)!
2. Welche Gemeinsamkeit zeichnet die Schar der Menschen mit so unterschiedlicher Herkunft aus?
3. Was sagt die grammatikalische Form des Aktivs in Vers 14 über das Leben dieser Menschen aus, die Johannes jetzt vor dem Thron sieht?
4. Was gehört zur Vergangenheit (14), Gegenwart (15) und Zukunft (16-17) dieser Erlösten?

 Übertragung ins Leben

Schweißgeruch, Essensdunst oder anderweitige Gerüche in der Kleidung werden als unangenehm empfunden. Ebenso jegliche Art von Schmutz. Gesunde Hygiene erfordert eine kritische Selbstwahrnehmung, eine regelmäßige Pflege und den Kleiderwechsel. Bei der Pflege des inneren Menschen verhält es sich ähnlich. Auch da hilft ein ehrlicher Umgang mit allem, was unsere Gedanken beschmutzt hat, Worte und Handlungen, durch die wir schuldig geworden sind. Etliche Christen pflegen eine Zweierschaft, in der sie Schuld aufgezeigt bekommen oder auch ablegen können.

3. Gibt es Mitchristen, denen sie erlauben, an Ihrer Seelenhygiene mitzuwirken?
4. Danken Sie Jesus Christus dafür, dass er die Reinigung von Sünde ermöglicht hat.

 Gesprächsimpulse

1. Wie sieht Ihr persönlicher Umgang mit allem aus, was Ihr Inneres beschmutzt hat?
2. Welche Bedeutung haben Reinigungsgewohnheiten für die Erhaltung Ihrer inneren Hygiene?

Eigene Gedanken

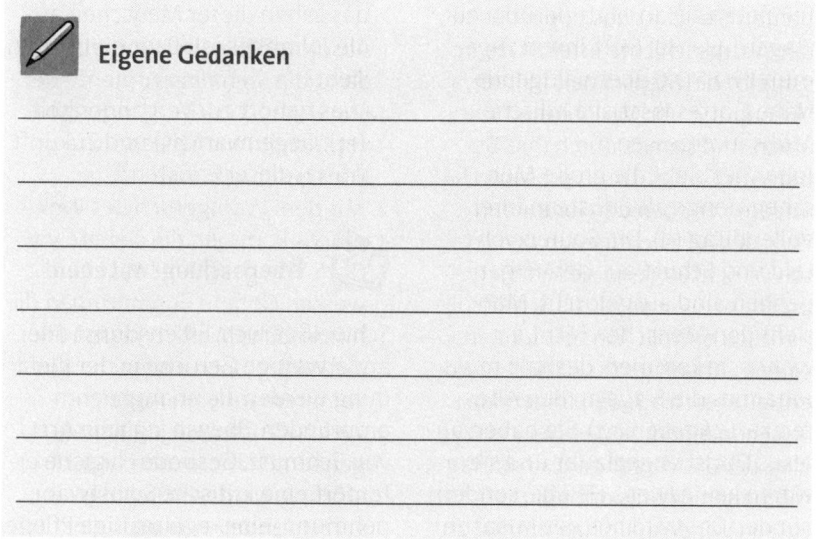

Wenn Christen beten

Offenbarung 8,1-5

 Erklärungen zum Text

Rauch ist nur für kurze Zeit zu sehen. Er steigt auf und verflüchtigt sich. Ähnlich ist es mit dem Gebet: Es ist so schnell ausgesprochen. Aber es gelangt doch – unserer Beobachtung entzogen – bis unmittelbar vor Gottes *Thron* (3). In diesem Zusammenhang wurde das Gebet schon in Kapitel 5,8 gezeigt. Achten Sie auf das *Räuchergefäß*! Für die Zeit der *Stille im Himmel* wird es mit *Gebeten* und *Räucherwerk* gefüllt. Danach wird es zum Gerichtswerkzeug (5). Mit dem siebenten Siegel ist das doppelte Ziel der Weltgeschichte erreicht. Es beschreibt die Menschheit in ihrer Vollendung und Verlorenheit. Die einen sind bereits durch ihre Gebete vor Gottes *Thron* präsent. Die anderen erleben den lodernden Zorn des Allmächtigen in den letzten Gerichten. Beim siebenten gebrochenen Siegel ist die Schriftrolle gänzlich entrollt. Was bis jetzt in seinem Ablauf grob skizziert wurde, entfaltet sich auf den folgenden Seiten in einem neuen Gerichtszyklus, der die Vorgänge bis zum Tag X mit neuen Details offenbart. Fassen wir deshalb hier einmal zusammen: Kapitel 6 wird vom Thema Zorn beherrscht. In Kapitel 7 sehen wir diejenigen, die überwunden und das Ziel erreicht haben. In den Kapiteln 8 und 9 werden jene Katastrophen dargestellt, die jeweils „nur" ein Drittel ihres Vernichtungspotentials entfalten. Es wird von gewaltigen Zerstörungen der Umwelt und dem Einbruch der Finsternis berichtet. Doch der Höhepunkt ist auch dann noch nicht erreicht!

 Fragen zum Text

1. Absolute Stille im Himmel. Und dann die Signalinstrumente der Engel (1-2). Welche Atmosphäre vermittelt Ihnen diese Situationsbeschreibung?
2. Mit dem Wohlgeruch des Weihrauchs kommen die Gebete vor Gott. Wie geschieht das? Und wessen Gebete durchdringen die himmlische Welt? Erfassen Sie die Fakten noch einmal bewusst vor Ihrem inneren Auge!
3. Welche Vorboten von beängstigenden Phänomenen und Zerstörung werden durch das verzehrende Feuer ausgelöst (5)?

Übertragung ins Leben

Noch leben wir in einem gewaltigen Spannungsfeld; denn wir gehören ganz und gar zu dieser Welt, die sich selbst überlassen dem Gericht entgegengeht. Aber wir haben durch unsere Beziehung zu Jesus schon den Zugang zu Gottes Thron. Der Blick hinter die Kulissen des sichtbaren Geschehens zeigt uns die inneren Zusammenhänge auf.

 Gesprächsimpulse

Treten Sie *eine halbe Stunde lang* (1) im Gebet vor Gott, indem Sie ihn zunächst anbeten. Nehmen Sie sich danach Zeit, für die Menschen zu beten, die in Ihrem Umfeld ohne Gott leben. Beziehen Sie danach auch die politischen und sozialen Nöte der Welt mit ein.

Eigene Gedanken

Zerstörte Umwelt – Zeichen des nahenden Endes

Offenbarung 8,6-13

 Erklärungen zum Text

Die ersten vier Posaunengerichte treffen den Lebensraum des Menschen (vgl. mit 7,3!). Zerstörte Wälder durch sauren Regen (7), das Meer verpestet durch Schiffskatastrophen (8), verseuchte Flüsse durch Chemikalien und Unfälle in Kernreaktoren (10), ein verfinsterter Himmel durch brennende Ölfelder (12): Spricht Johannes in diesem Abschnitt über Umweltkatastrophen unserer Gegenwart? Möglich. Verwüstungen von solch riesigen Ausmaßen sind durchaus vorstellbar.
Beachten Sie, dass die Katastrophen von Gottes Gerichtsengeln in Gang gesetzt werden. Es mag sein, dass sie der Mensch durch sein rücksichtsloses Verhalten auslöst und Gott sie nutzt, um die Menschheit wachzurütteln. Unsere Bemühungen, die Welt wieder in den Griff zu bekommen, müssen letztlich scheitern, wenn wir nicht bereit sind umzukehren und nach Gottes Maßstäben zu leben (9,20-21). Die Zerstörung der Umwelt ist Ausdruck einer zerstörten Beziehung zu Gott.

 Fragen zum Text

1. Welche Parallelen zu einigen der zehn Plagen entdecken Sie in den Darstellungen von Vers 7-8? Lesen Sie 2. Mose 7,20-21 und 9,23-26.
2. Wodurch unterscheiden sich die einzeln erwähnten Sterne (10; 9,1; vgl. Jes 14,12)?
3. Welche natürlichen Katastrophen führten auch in der Vergangenheit schon zur Verfinsterung der Atmosphäre (13)?

 Übertragung ins Leben

Einst bildete der Aralsee in Zentralasien ein gigantisches Binnenmeer. Heute hat er von spärlichen Zuflüssen gespeist nur noch einen Bruchteil seiner Größe. Wo früher Schiffe fuhren, suchen nun Kamele nach den wenigen Grashalmen. Der versteppte Boden wird mitsamt seinen hochgiftigen Ablagerungen vom Wind davongetragen. Hautleiden, Krebs, Atembeschwerden und Siechtum prägen den Alltag in jener Region. Eine Ausnahme? Leider nicht. Täglich produzieren wir weltweit das sogenannte Treibhausgas CO_2. Hochgiftige Abfälle werden zu ökologischen Zeitbomben. Riesige Flächen von Regenwäldern werden kontinuierlich abgeholzt. Der Mensch zerstört sehenden Auges seinen eigenen Lebensraum.

Überlegen Sie darüber hinaus, wie Sie dazu beitragen können, dass die Schöpfung durch Ihr Verhalten geschont wird.

 Gesprächsimpulse

Bleiben Sie nicht bei den erschütternden Eindrücken stehen, sondern beugen Sie sich in gemeinsamem Gebet mit darunter, denn wir haben an der Zerstörung der Umwelt persönlichen Anteil. Man könnte das als „kulturelle Sünde" bezeichnen.

Eigene Gedanken

_____
_____
_____
_____
_____
_____
_____

Gott unterscheidet

Offenbarung 9,1-12

 Erklärungen zum Text

Bernhard Philbert, ein deutscher Wissenschaftler, sieht in diesem Abschnitt das Szenario eines Nuklearkrieges: Atombomben, die aus unterirdischen Silos fahren (1-2), aber auch Panzer und Bomber mit ihrer tödlichen Fracht (7-10). Denkbar ist so etwas.

Ebenso ist möglich, dass Johannes den Einbruch dämonischer Heere beschreibt. Der Abgrund (1) – das Gefängnis der bösen Geister – wird geöffnet. Wie flüchtende Verbrecher erfüllen sie den Luftraum der Erde (vgl. Eph 2,2!), um sich der Menschen zu bemächtigen, die nicht Gottes Siegel tragen (4). Wurde in Kapitel 7,3 der Aspekt des Aufschubs betont, so steht hier die Beschränkung des Gerichtshandelns im Vordergrund (10).

Beachten Sie die dämonisierte Reaktion der Menschen auf die starken körperlichen Schmerzen: Statt nach Heilung sehnen sie sich nach dem Tod. Das Heer des außerordentlich mächtigen Anführers mit dem Namen *Verderber* (11) zeigt Wirkung. Aber das ist erst der Anfang. Der Abgrund hält noch größere Schrecken bereit: das Tier, das aus dem Abgrund steigt (11,7; 17,8).

 Fragen zum Text

1. Welche Rückschlüsse lässt die Tatsache zu, dass es einen Schlüssel zum Abgrund gibt (1)? Lesen Sie dazu auch Kapitel 20,1. Wer bedient jeweils diesen Schlüssel?
2. Was können Sie anhand dieses Befehls über den Zweck der Versiegelung sagen (4)? Vergleichen Sie damit ein Beispiel aus der Vergangenheit (Hes 9,4-6).
3. Vergleichen Sie die Aussage in Vers 6 mit der in Kapitel 6,16. Was lässt diesen Menschen den Tod als begehrenswert erscheinen?
4. Warum muss die Erklärung über die Bedeutung des Namens (11) für uns heute ein weiteres Mal erläutert werden?

 Übertragung ins Leben

Gott unterscheidet zwischen denen, die sein Eigentum sind und denen, die ihn auch weiterhin nicht anerkennen wollen. Dass bestimmte Personen inmitten schrecklicher Ereignisse bewahrt bleiben, hat geschichtliche Vorbilder: Noah überlebte mit seiner Familie die Flutkatastrophe. Lot und seine beiden Töchter entgingen der Zerstörung von Sodom und Gomorra. Das Volk Israel wurde von den Plagen über Ägypten nicht getroffen.

gehen Sie damit um? Und wie haben Sie persönlich Gottes Schutz schon erfahren?
Filmhinweis: „Nagasaki – Der Tag nach der Apokalypse"; kostenfreier Download unter http://video.google.de/videoplay?docid=-9037279965690920903

 Gesprächsimpulse

Es scheint häufig nicht so, als ob Christen anderen Menschen etwas voraus hätten. Sie verunglücken wie andere auch, bekommen die gleichen Krankheiten, erleiden ebenfalls finanzielle Verluste, Arbeitslosigkeit und Unrecht. Wie

Eigene Gedanken

_____
_____
_____
_____
_____
_____

Trotzdem bekehrt sich niemand

Offenbarung 9,13-21

 Erklärungen zum Text

Den Gerichtsengeln waren bisher „die Hände gebunden", denn der Zeitpunkt ihres Wirkens ist bis auf die Stunde genau festgelegt (15). Diese Bemerkung vermittelt uns die Gewissheit, dass Gott die Welt nicht aus dem Ruder gelaufen ist. Er herrscht souverän und kommt zum Ziel. Halten Sie daran fest! In der Beschreibung des unzählbaren Heeres im Gefolge der Engel meinen einige Ausleger die Beschreibung eines Krieges mit modernen Waffen zu erkennen. Klar ist nur, dass die Plagen der sechsten Posaune das letzte begrenzte Gericht der Offenbarung ist: Zwölf Mal war bei den vier ersten Posaunengerichten davon die Rede, dass jeweils *der dritte Teil* der Schöpfung betroffen war. Nun wird der dritte Teil der Menschen getötet (15.18).
Gott versucht, durch die Gerichte die Menschen zur Einsicht zu bringen (20-21). Sie sollen sich von der Gottlosigkeit ab- und zu ihm hinkehren. Es ist erstaunlich, wie der Allmächtige die Würde des rebellischen Menschen achtet. Gott erzieht mit harten Strafen, aber er zwingt niemanden, ihm zu dienen.

 Fragen zum Text

1. Worin unterscheiden die Engel in Vers 15 sich von denen, die in Kapitel 7,1 genannt werden?
2. Worauf beziehen sich *die drei Plagen* in Vers 18? Die Antwort finden Sie in Kapitel 8,13.
3. Wodurch ziehen die Menschen Gottes Gericht auf sich (20-21)? Wie würden Sie die Aussagen in Vers 20 zeitgemäß übertragen?

 Übertragung ins Leben

Todesopfer in Millionenhöhe sind im Zeitalter von „Overkill-Kapazitäten" (gemeint ist die Fähigkeit, alles Leben auf der Erde mehrfach auszulöschen) durchaus reale Vorstellungen. Sollten die Beschreibungen des Aufmarsches sich auf die von Menschen hergestellten Waffensysteme beziehen, dann fällt es leichter zu erkennen: der eigentliche Feind des Menschen ist der Mensch selbst.

Nach heutigem Stand der Weltbevölkerung beträfe der dritte Teil der Menschen (18) deutlich mehr als zwei Milliarden Personen.

 Gesprächsimpulse

1. Ist Gott ungerecht, weil er Leid und Tod in diesem unvorstellbaren Ausmaß zulässt?
Die Antwort muss Ja lauten, wenn wir auf dem Standpunkt beharren, Gnade sei etwas, was Gott uns schuldig ist. Sie lautet Nein, wenn wir erkennen, dass Gott inmitten seines Gerichtshandelns eine unerklärlich große Geduld zeigt. Vielleicht hilft Ihnen beim Gespräch darüber Jesaja 26,9-11. Welche Antwort entspricht Ihrer Auffassung? Oder kommen Sie zu ganz anderen Schlussfolgerungen?

2. Sprechen Sie vor Gott die Gedanken aus, die Sie jetzt bewegen. Fassen Sie dabei ruhig auch Ihr Entsetzen über das, was Gott zulässt oder gar veranlasst, in Worte. Vergessen Sie dabei jedoch nicht, dass er als der heilige Gott zugleich der ganz andere ist.

Eigene Gedanken

_____

_____

_____

_____

_____

_____

Keine Zeit mehr

Offenbarung 10,1-11

 Erklärungen zum Text

Das Reden der *sieben Donner* ist nur für die Ohren von Johannes bestimmt (4). Offensichtlich haben die Ereignisse in Vers 1-4 und 8-11 den Zweck, den Apostel zu stärken (vgl. Hes 3,1-3). Die Wirkungen des *Büchleins* verdeutlichen Lust und Last des prophetischen Auftrags.
Vers 5-7: Durch den Schwur des machtvollen Engels wird die bedeutende Nachricht vom Ende eines Zeitablaufs bekanntgegeben. Ein *Geheimnis*! Was kann gemeint sein? Im Neuen Testament wird von vier endzeitlichen Geheimnissen gesprochen:
1. Die Nationen haben Anteil an Gottes Zusagen, die er seinem Volk Israel gegeben hat (Eph 3,1-6).
2. Israels Weigerung, Jesus als den zugesagten Messias anzuerkennen, ist zeitlich begrenzt (Röm 11,25).
3. Der Antichrist wird die Rebellion der Welt gegen Gott in seiner Person zur Vollendung führen (2. Thess 2,7).
4. Wenn Jesus als Richter und Herr sichtbar zur Erde kommen wird, werden die dann lebenden Gläubigen einen unvergänglichen Körper bekommen, ohne zuvor den Tod erleben zu müssen (1. Kor 15,51).
Wenn die siebte Posaune der Offenbarung mit der letzten *Posaune* (1. Kor 15,52) identisch ist, betrifft die Ankündigung in Vers 7 die Aufrichtung der sichtbaren Herrschaft von Jesus. Die Ereignisse in Kapitel 11 sprechen ganz für diese Deutung!
Gott wird seine Pläne zum Ziel bringen, so wie er sich durch sein Wort festgelegt hat.

Fragen zum Text

1. Mit welchen (mindestens sieben) Merkmalen wird dieser machtvolle *Engel* beschrieben (1-3)?
2. Woraus ist ersichtlich, dass die *sieben Donner* nicht nur Laute hervorbringen, sondern mit Worten kommunizieren (4)?
3. Welche Einzelheiten über Gott erfahren wir aus dem Schwur des mächtigen *Engels* (6)?
4. Welcher Richtschnur folgen Gottes Absichten und Handeln (7)?

Übertragung ins Leben

Bei vielen Medikamenten wird der bittere Inhaltsstoff angenehm umhüllt; denn nur was wir einnehmen, kann seine Wirkung entfalten. Das gilt auch für Gottes Wort. Bleibt es als Schriftstück im Regal, verändert es nichts. Es muss verinnerlicht werden. Es schafft neues Leben aus Gott. Aber es führt auch zur Trennung, denn die meisten Menschen wollen nichts von Gott wissen.

2. Danken Sie Gott für die Bibel. Sagen Sie ihm, was sie Ihnen bedeutet!
3. Treten Sie in der Fürbitte für Christen ein, denen es verwehrt oder schwer gemacht wird, durch das Lesen der Bibel geistlich satt zu werden!
3. Bitten Sie auch namentlich für Menschen aus Ihrem Umfeld, die Gottes Botschaft noch nicht einmal hören wollen.

 Gesprächsimpulse

1. In welcher Weise erleben Sie die Botschaft der Bibel „süß wie Honig", aber zugleich auch „bitter"? Wie gehen Sie damit um?

Eigene Gedanken

_____

_____

_____

_____

_____

_____

Gottes Baupläne

Offenbarung 11,1-14

 Erklärungen zum Text

Der Tempel in Jerusalem ist zu der Zeit, als Johannes die Offenbarung empfängt, bereits dem Erdboden gleichgemacht und Jerusalem zerstört. Es ist also ziemlich unwahrscheinlich, dass hier von einem jüdischen Tempel die Rede ist, wo Tieropfer dargebracht werden. Hier wird wohl Gottes Tempel, die Gemeinde aus Juden und Nichtjuden (1. Kor 3,16), nach außen hin abgegrenzt. Es gibt einen Unterschied zwischen drinnen und draußen. Die Zeit der Zuspitzung dämonischer Bosheit bricht an. Übrigens: Die Zeit der Entfaltung des Antichristen wird stets in Monaten angegeben (13,5) während sie in Bezug auf das Zeugnis und Überwinden der Gemeinde in Tagen genannt ist (11,3; 12,6). Damit wird die *täglich* erfahrbare Nähe Gottes zu seiner bedrängten Gemeinde unterstrichen.

Vers 3-6: Die Taten der beiden *Zeugen* erinnern an Elia und Mose (vgl. 1. Kön 17,1; 2. Mose 7,19-20). Der Schwerpunkt ihres Wirkens bildet Gericht, als ultimative Aufforderung zur Umkehr. Ihr Auftreten fällt unmittelbar vor die Wiederkunft von Jesus (11,15-17).

Vers 7-10: Nach dem Tod der beiden Zeugen steht der satanischen Diktatur durch das *Tier* (7) nichts mehr im Weg (vgl. 2. Thess 2,6-7). Inwieweit „Gott die Ehre geben" (13) tatsächlich eine Umkehr darstellt, bleibt offen.

 Fragen zum Text

1. Inwiefern bleibt auch in der schlimmsten Zeit des Abfalls von Gott die Welt nicht ohne sein Zeugnis (3)?
2. Was steckt hinter dem Ereignis von Vers 7, wenn wir davon ausgehen, dass es sich nicht um eine Pleite, einen Zufall oder ein blindes Geschick handelt?
3. Welche (in damaliger Zeit überhaupt nicht vorstellbare) Technik ist notwendig, damit Menschen in aller Welt die Leichen der beiden Zeugen sehen können (9)?

 Übertragung ins Leben

Wir leben in einer pervertierten Welt. Gottes Reden wird heute schon als lästige Einmischung empfunden. Die Abkehr von Gott in allen Bereichen des Lebens gilt als Fortschritt. Dabei stürzt sie die Menschheit in ausweglose Probleme; denn der sich selbst vergötternde Mensch zerstört sich selbst und seine Umwelt. Weitere Folgen: Christen werden diffamiert und mundtot gemacht. Anderswo werden sie sogar verfolgt, eingesperrt und getötet.

3. Wie können Sie selbst dafür sorgen, dass nicht Angst oder Hoffnungslosigkeit Sie bestimmt?
4. Nutzen Sie die Gelegenheit, in einer kleinen Gruppe offen über Ihre Gedanken, Empfindungen, Ängste und Hoffnungen mit Gott zu sprechen.

Gesprächsimpulse

1. Was geht in einem Menschen vor, wenn er etwas zertritt? Wie geschieht das im Hinblick auf geistliche Werte und dem Angebot der Versöhnung mit Gott?
2. Welche ermutigenden Aspekte finden Sie in diesem Text?

Eigene Gedanken

___

___

___

___

___

Endlich!

Offenbarung 11,15-19

 Erklärungen zum Text

Halten Sie einen Moment inne und lassen Sie die Erhabenheit dieses Augenblicks auf sich wirken. Der Zeitpunkt ist gekommen, an dem Jesus seine Herrschaft sichtbar auf der Erde aufrichtet (15). Welche Bedeutung hat dieses Ereignis für die Menschen?

1. *Lohn:* Ist Ihnen aufgefallen, dass die bisher auf die Zukunft ausgerichtete Aussage, ... *und der da kommt* (1,4.8) hier anders formuliert ist? Mit dem Blasen der letzten und siebten Posaune *ist* Jesus Christus gekommen (17). In Kapitel 6,17 waren wir schon einmal an diesem Punkt. Und wir werden im Laufe der nächsten Kapitel immer wieder dahin kommen; denn alle Ereignisse zielen auf diesen besonderen Tag. Das unterscheidet die Offenbarung von einem Buch, das die Ereignisse in chronologischer Abfolge darstellt.
2. *Zorn:* In Vers 14 ist das dritte „Wehe" angekündigt worden. Es ist nun eingetroffen, obwohl es hier nicht erwähnt wird (vgl. 8,13). Jesus wird diejenigen richten, die nicht zu *deinen Knechten, den Propheten und Heiligen* gehören. Vers 18 greift auf, was in Psalm 2 bereits prophetisch vorausgesagt wurde.

Der Tempel im Himmel ist offen. Die Bundeslade, die im Alten Testament so sorgfältig vor den Blicken der Menschen verborgen war, ist nun für alle sichtbar. Vielleicht bedeutet dieses Bild, dass die Gläubigen von nun an auch leibhaftig Zugang zu Gottes Thron haben. Die Aussage in Vers 19 wird in Kapitel 15,5 erneut aufgegriffen.

 Fragen zum Text

1. Was wird über den Zeitpunkt der Tätigkeit des siebten Engels (15) in Kapitel 10,7 ausgesagt?
2. Welche Informationen enthalten die Gebetsworte im Hinblick auf Gottes Handeln und das der Völker (17-18)?

 Übertragung ins Leben

Noch leiden wir an den vielen Unvollkommenheiten: Jesus ist zwar Herr, aber von seiner Herrschaft ist noch wenig sichtbar. Wir sind erlöst, aber noch haben wir mit unseren Schwächen zu kämpfen. Dieser Zustand wird beim Ertönen der siebten Posaune aufhören. Diejenigen, die jetzt angeblich nur auf das Jenseits vertrösten, haben dann allen Grund zum Jubel. Dann wird sich zeigen, dass es sich gelohnt hat, am Glauben durch Bekenntnis und Handeln festzuhalten; denn an jenem Tag ist der Zeitpunkt gekommen, an dem Jesus Christus seine Leuten belohnt und die anderen bestraft (18).

 Gesprächsimpulse

1. Welche Bedeutung hat die Aussage über die Dauer von Gottes Herrschaft auf Ihre Gegenwart (15)?
2. Wie äußert sich der Zorn der Menschen gegen Gott in unserer Zeit?
3. In welcher Weise berührt die Erwartung auf den Lohn von Jesus Ihre geistliche Motivation (18)?

Eigene Gedanken

_____
_____
_____
_____
_____
_____

Die Darstellung von Zeitabläufen in der Offenbarung

Die Endzeit hat schon begonnen
Die Offenbarung wäre leichter zu verstehen, wenn sie die Ereignisse in zeitlich geordneter Folge darstellte. Dann würden auf den ersten Seiten die frühen Ereignisse berichtet und auf den nachfolgenden all das, was später folgt. Tatsächlich ist es aber so, dass man immer wieder den Eindruck hat, bei einzelnen Abschnitten bereits vom Ende dieser Weltzeit zu lesen.
Die Frage, in welcher Periode der Offenbarung wir uns gegenwärtig befinden, ist deshalb nicht mit einem Hinweis auf ein bestimmtes Kapitel der Offenbarung zu beantworten. Nach biblischer Sichtweise hat die Endzeit mit der Rückkehr von Jesus zum Vater begonnen (1. Joh 2,18). Die Zeichen des nahenden Endes, wie Erdbeben, Kriege und Hungersnöte, sind an sich nicht neu. Es sind vielmehr ihre zunehmende Dichte und die weiter reichenden Auswirkungen, die ihnen endzeitliches Gepräge geben. Sie gleichen damit Wehen, die kurz vor einer Geburt zunehmen und heftiger werden (Mt 24,8).

**Stets im Blickfeld:
das Ziel der Geschichte**
Um die Darstellungsweise der Offenbarung besser verstehen zu können, muss man die Absicht kennen, mit der sie gegeben wurde. Im Alten Testament wiesen viele Aussagen prophetisch voraus auf das Kommen des Erlösers. Die Lehre des Neuen Testaments hat sich auf dem Fundament entwickelt, das die Apostel gelegt haben und dessen Grundstein Jesus ist. Die Offenbarung lenkt nun den Blick der verfolgten Christen auf die letzten großen Weltereignisse, deren Schlusspunkt die Wiederkunft von Jesus Christus als Herr und Richter dieser Welt bildet. Die Gerichtsperioden, dargestellt durch Siegel- und Posaunengerichte sowie die Zornesschalen, enden deshalb übereinstimmend bei diesem Ereignis. Die Geschichte des Handelns Gottes mit dieser Welt kommt darin endgültig zum Ziel. Der Ausblick auf Gottes neuen Himmel und neue Erde in Kapitel 21–22 liegt bereits jenseits dessen, *was ist* (1,9) und woran wir jetzt noch leiden.

**Kein Nacheinander,
sondern ein Ineinander**
Bei den drei Gerichtsperioden handelt es sich um eine Geschichtsschau, die dem Wunsch, sie als „endzeitlichen Fahrplan" zu gebrauchen, wenig entgegenkommt. Jeweils am Schluss einer Gerichtsserie liegt der Beginn einer neuen verborgen. Der neue Zyklus knüpft indes mit den Ereignissen zeitlich nicht am Schlusspunkt der vorausgegangenen an, sondern führt erneut dahin. Das Nacheinander in der Darstellung entspricht also nicht einer zeitlichen Aufeinanderfolge. Chronologische Übersichten der endzeitlichen Ereignisse müssen unbefriedigend bleiben, weil sie der Darstellungsweise in der Offenbarung nicht gerecht werden. Am besten lässt sich der dreifache Aufbau von Siegel-Posaunen- und Schalengerichten an der Funktionsweise eines Teleskops vergleichen. Die einzelnen Rohre sind Teil eines Ganzen und bleiben doch voneinander unterschieden. Da sie in-

einander liegen, sind sie erst zu sehen, wenn sie ausgezogen werden. Je nachdem, ob und wieweit sie herausgezogen werden, treten Details schärfer ins Blickfeld

Die Siegel: Gott ist der Handelnde
Bei dem Brechen der Siegel wird deutlich, dass Unterdrückung, Kriege, Seuchen und Hungersnöte zu Gottes Gerichten über diese Welt gehören. Die Befehle werden vom himmlischen Thron aus erteilt. Und Macht wird stets nur für bestimmte Zeit verliehen. Gott sind die globalen Entwicklungen also keineswegs aus der Hand geglitten. Diese erste Gerichtsserie endet beim sechsten Siegel damit, dass die Menschen sich vor dem Lamm verantworten müssen (6,16-17). Das siebente Siegel beinhaltet die nächste Gerichtsfolge, die durch Posaunen eingeleitet wird.

Die Posaunen: deutliche Warnsignale!
Beim Öffnen der Siegel ist klar geworden, wer die Autorität hat und hinter den Kulissen der sichtbaren Welt Regie führt. Nun folgt das Blasen der Posaunen. Damit ist eine deutliche Signalwirkung verbunden. Sie wird dadurch verstärkt, dass nach der vierten Posaune das Blasen jeweils durch ein *Wehe!* begleitet wird.
Ein vorläufiger Höhepunkt ist beim Signalton der sechsten Posaune erreicht. Das Ende der Zeit (griech. Chronos) und die Vollendung von Gottes Plan wird angekündigt (10,6-7). Das ist der Termin, an dem Gott und Christus die Herrschaft über diese Erde übernehmen und mit den Völkern abrechnen werden (11,15-18).

Die Schalen: Verstockung und Zorn
Allen drei Gerichtseinheiten ist gemeinsam, dass sie in den „Tag des Zorns" münden (vgl. 6,17; 11,18; 16,19). Mit dem Ausgießen der Schalen tritt Gottes Zorn über diese Erde jedoch nicht erst mit dem Abschluss der Gerichtsserie hervor, sondern gleich von Anfang an; denn die Menschen haben bei den vorausgegangenen Gerichtsperioden die Gelegenheit nicht genutzt, umzukehren und ihm die Ehre zu geben (9,20;16,9).

Nahaufnahmen ...
Unter dem Gesichtspunkt, die Christen inmitten von Verfolgungszeiten zu trösten und zu stärken, bekommen einzelne Ereignisse ein größeres Gewicht. Anders als bei einer linearen Darstellung von Ereignissen können sich hier die Proportionen verschieben, weil bestimmte Details wichtig sind, während anderes unberücksichtigt bleibt. Einige Abschnitte der Offenbarung gleichen deshalb Nahaufnahmen eines Filmes.

... in Kapitel 7
In die Periode der Siegelgerichte gehört die Schau von den Versiegelten. Sie bewahrt diejenigen, die zu Gott gehören, nicht vor den Bedrängnissen durch Menschen, aber sie kennzeichnet sie als Eigentum Gottes, das von den dämonischen Mächten nicht angetastet werden darf (8,4)!

... in Kapitel 10 bis 13
Hier steht der Himmel im Mittelpunkt. Die Botschaft des Johannes hat dort ihren Ursprung (Kap. 10). Sie ist auch die Heimat der beiden Zeugen (11,4.12) und der Frau mit der Krone (12,1). Allerdings ist dort auch der Drache zu fin-

den – bis er auf die Erde verbannt wird (12,13-17) und dort für ein unbeschreibliches Chaos sorgt.
Den beiden Zeugen aus dem Himmel stehen die beiden Tiere aus dem Abgrund gegenüber (Kap. 13). Die „Nahaufnahme" zeigt, dass denen, *die auf Erden wohnen*, die satanische Quelle der zeichenhaften Wunder verborgen bleibt. In ihrer Verblendung feiern die Menschen den Tod der beiden Gotteszeugen (Kap. 11), während sie Satans Handlanger anbeten und sich ihnen unterwerfen.

... in Kapitel 14 (17 und 18)
Dieses Kapitel bringt zunächst in einer Art Zusammenschnitt das, was dem Tag des Gerichtes vorausgeht. Der Schwerpunkt der Darstellung liegt auf der Ankunft des Menschensohns als Richter. In Vers 8 wird zum Beispiel nur ganz kurz die Zerstörung von *Babylon* mitgeteilt. Hier ist zunächst einfach das Ergebnis wichtig. In Kapitel 16,17-19 erfahren wir, dass das Ende Babylons durch das Ausgießen der letzten Zornesschale verursacht wird. Die Kapitel 17 und 18 geben sozusagen einen Filmrückblick. Er ist entsprechend ausführlicher und dokumentiert den religiösen Charakter jenes endzeitlichen Systems. Würde man die einzelnen Kapitel einander auf einer Zeitschiene zuordnen, dann könnte man den Jubel von Kapitel 19,1-3 zwischen Vers 8 und 9 von Kapitel 14 platzieren.

... in Kapitel 19
Endlich ist der Zeitpunkt gekommen, an dem Jesus mit seiner Gemeinde die Herrschaft antritt. Bei einer Hochzeit wird die Beziehung von Braut und Bräutigam öffentlich und rechtlich wirksam. Sie stellt den Schnittpunkt zwischen dem einst und jetzt dar. Bisher bildete die Gemeinde eine bedrängte oder zumindest geduldete Minderheit. Nun wird sie mit Christus regieren. Das wird in Kapitel 20 weiter entfaltet. Hier liegt die Betonung eher auf dem starken Kontrast: Die Gläubigen haben am Ende der Weltzeit eine ewige Zukunft vor sich. Aber diejenigen, die *das Wort Gottes* so beharrlich abgelehnt haben, werden bestraft.

... in Kapitel 20
Die Gemeinde von Jesus hat mit dem wiedergekommenen Herrn die Herrschaft angetreten. Am Ende der Zeit wird ihre Herrlichkeit für alle sichtbar werden (1. Petr 1,5). Der Versuch Satans und seiner Verbündeten, durch einen Kraftakt diese Verhältnisse zu ändern, wird erfolglos sein; denn nun ist auch sein Ende besiegelt. Mit der Verantwortung des Menschen vor Gott endet die Geschichte dieser Welt.

Ein Vergleich zwischen Matthäus 24 und Offenbarung 6

In der Offenbarung wird Jesus Christus als das Lamm beschrieben, das die sieben Siegel öffnet und damit die zukünftigen Ereignisse in Gang setzt. Für ihn ist das, was folgt, keine Überraschung, hatte er doch bereits vor seiner Rückkehr in den Himmel mit seinen Jüngern darüber gesprochen.

Entdecken Sie selbst, wie groß die Übereinstimmung ist zwischen der sogenannten Endzeitrede von Jesus in Matthäus 24 und den sieben Siegeln in Offenbarung 6. Tragen Sie dazu in die Tabelle einfach stichwortartig den jeweiligen Inhalt der angegebenen Verse ein und vergleichen Sie.

Matthäus 24		Offenbarung 6	
4-5		1-2 (1. Siegel)	
6-7a		3-4 (2. Siegel)	
7b		5-6 (3. Siegel)	
7c-8		7-8 (4. Siegel)	
9-28		9-11 (5. Siegel)	
29-30a		12-17 (6. Siegel)	
30b-31		7,1-8,1 (7. Siegel)	

Bedroht und bewahrt

Offenbarung 12,1-9

 Erklärungen zum Text

Zeichenhafte Darstellungen stehen für eine Realität. Die hier berichteten Ereignisse sind Bilder einer Wirklichkeit, die uns zum Teil aus der biblischen Geschichte vertraut sind. Einerseits erhalten wir Einblick, mit welcher Zielstrebigkeit der Teufel mit seinen Engeln Jesus vernichten will (5). Er ist der Durcheinanderwerfer (griech. Diabolos) und ein *Mörder von Anfang an* (Joh 8,44).
Andererseits erkennen wir Gott als den souverän Handelnden. Er beschützt und erhält.
Die Aussage von Vers 5 nimmt auf Psalm 2,9 Bezug (vgl. 19,15!).
Die Macht des Teufels und seiner Dämonen ist begrenzt. Ausdrücklich heißt es: *Sie siegten nicht* (8). Diese Tatsache gilt es im Auge zu behalten, wenn in Kapitel 13 die dämonische Machtentfaltung des Antichristen beschrieben wird.
Zeichen (1.3); Drache (3); Wüste (6): Siehe „Kleines Bildwort-Lexikon", Seite 122/124.

 Fragen zum Text

1. Woran wird deutlich, dass Satan und sein irdisches Abbild (13,1) sich in ihrem Wesen vollkommen gleichen (3)?
2. Welches Handeln erkennen Sie von Gott her gegenüber dem *Kind* (5) und der *Frau* (6)?
3. Was erfahren Sie in diesem Kapitel über Satans Handeln in der Vergangenheit und Gegenwart, über die Kräfteverhältnisse und seinen Lebensraum?

 Übertragung ins Leben

Schmerzen (2), Bedrohung (4), Flucht und die existenzielle Abhängigkeit (6) gehören zu den Erfahrungen der Menschen, die sich zu Gott halten. Sie erleben aber gerade darin Gottes Treue und Macht. Natürlich wünschen wir es uns anders, und zum Glück gibt es für die Gemeinde von Jesus auch Zeiten des Friedens. Manche leiten daraus einen Anspruch auf ungestörtes Glück und Reichtum ab. Sie verkündigen ein Wohlfühlchristentum. Die Zeichen am Himmel (1.3) holen uns von diesen

Träumereien zurück und richten unsere Aufmerksamkeit auf die Realität.

 Gesprächsimpulse

1. Christen in Afrika, Asien und in Ländern mit muslimischem Hintergrund erleben immer wieder Gottes erstaunliches Versorgen in vielerlei Hinsicht. Auf sich selbst gestellt wären sie dem Tod preisgegeben. Können Sie diese Erfahrungen persönlich oder durch Berichte anderer bestätigen?
2. Der Blick auf die unsichtbaren Realitäten sollte dazu führen, dass wir bewusster aus der Kraft des Heiligen Geistes leben. Formulieren Sie diese Absicht vor Gott und geben Sie sich ihm neu hin!
3. Danken Sie Gott für das, was Sie im heutigen Bibeltext über sein Handeln gelesen haben.
4. Bitten Sie für Christen in Gebieten, wo Chaos, Terror, Krieg oder eine Situation der Verfolgung herrscht. Überlegen Sie, ob es Ihnen möglich ist, einigen von ihnen über die Fürbitte hinaus auch materiell zu helfen.

Eigene Gedanken

_____

_____

_____

_____

_____

Jubel und blutiger Ernst

Offenbarung 12,10-18

 Erklärungen zum Text

Die Spannung der Aussage in Vers 12 beschreibt treffend die gegenwärtige Disharmonie zwischen Himmel und Erde. Hier Jubelgesang, da ein inhaltsschweres *Weh aber*, denn die Erde ist jetzt das Territorium des Teufels (vgl. Eph 2,2). Er terrorisiert nun in besonderer Weise die Menschen. Dabei gilt sein Augenmerk in besonderer Weise der *Frau*, der Gemeinde Alten und Neuen Testaments. Für den Satan ist die Erde nur ein Zwischenstopp auf dem Weg zum Abgrund (vgl. Vers 12-13 mit 20,1-3). Zorn und Zeitbegrenzung verstärken die Intensität seines Handelns auf der Erde. Auch als Christen haben wir der Macht des Teufels nichts entgegenzusetzen, und dennoch ist es möglich, ihn zu überwinden. Wie? *Durch das Blut des Lammes* und durch das mutige Bekenntnis zu Jesus (11)!
Die Wüste ist ein Bild (14), das daran erinnert, wie einst Gott sein Volk Israel mit allem versorgte. Sie ist allerdings auch der Ort, wo die Hure – das Gegenbild der Frau – agiert (17,3)!

 Fragen zum Text

1. An welchem Punkt der Heilsgeschichte werden die Worte in Vers 10-11 ausgesprochen? Lesen Sie dazu auch Kapitel 11,15!
2. Welche Bedeutung hat die *Frau* für Satan, der aus dem Himmel ausgewiesen worden ist (13)?
3. Welche Konsequenz hat die neue Sachlage für *die Übrigen von ihrem Geschlecht* (17)?
4. Wodurch wird die Wüstenzeit der Frau erträglich (14-17)?

 Übertragung ins Leben

Blut rettet Leben. Das wissen wir. Deshalb nehmen viele Leute bereitwillig Blutspendetermine wahr. Das Blut von Jesus steht für mehr. Es ersetzt nicht einfach nur einen möglichen Blutverlust. Sein Blut ist ein Beleg dafür, dass er stellvertretend für uns gestorben ist. Wer sich im Glauben an ihn hält, lebt versöhnt mit Gott und kann aus seinen Kraftquellen leben (11).
Viele Christen sorgen sich, ob sie in Zeiten der Verfolgung im Glauben fest bleiben werden. Darauf gibt es klare Antworten: Nein, wenn Sie

auf Ihre eigenen Qualitäten zählen. Ja, wenn Sie sich ganz auf Jesus verlassen. Er hat den Teufel besiegt, als er sein Leben am Kreuz ließ. Sein Sieg wird Ihnen so angerechnet, als hätten Sie ihn errungen.

3. Taktikwechsel bei dem Drachen. Vergleichen Sie in Kapitel 12 die Verse 4 und 15. Was erfahren Sie dabei über die Gefährlichkeit des Gegners?

 Gesprächsimpulse

1. Charakterisieren Sie die Personen, die der *Frau* zugeordnet werden und prüfen Sie, ob die wesentlichen Kriterien auf Sie persönlich zutreffen (11.17).
2. Welche der göttlichen Hilfsmaßnahmen haben Sie in beruflichen oder privaten Wüstenzeiten schon erlebt?

Eigene Gedanken

_____

_____

_____

_____

_____

_____

_____

In Satans Klauen

Offenbarung 13,1-10

 Erklärungen zum Text

Die Person aus dem Meer (1) ist Satans Ebenbild. So hat Johannes ihn am Himmel gesehen (12,3). Das Wesen dieses Menschen ist von raubtierhaften Zügen geprägt (im Gegensatz dazu: Jesus, das Lamm); deshalb wird er nur *das Tier* genannt. Der Drache stattet ihn mit satanischer Kraft (griech. „Dynamis") und Vollmacht aus.
Vers 1 spricht von der Menschwerdung des Bösen und Vers 3 erinnert an das Wunder der Auferstehung. Die Huldigung, die Jesus Christus nicht vergönnt war, bringt die Masse der Menschen willig dieser Bestie dar. Sie betet diesen Unmenschen an (4)!
Er wirbt nicht um Vertrauen, sondern erdrückt durch seine Übermacht (4). Er preist nicht selig, sondern lästert (5-6). Er sucht nicht, um das Verlorene zu retten, sondern er verfolgt, inhaftiert und tötet (7).
Dem *Tier* gelingt es, die Menschen gleichzuschalten und dem Drachen zu unterwerfen. Wie kommt es zu diesem Phänomen? Eine erste Antwort finden wir in Vers 8!

Tier (1): Siehe „Kleines Bildwort-Lexikon", Seite 123 und den Artikel auf Seite 84.

 Fragen zum Text

1. Wo ist in der Offenbarung das *Tier* und die Macht, die hinter ihm steht, bereits erwähnt worden (11,7; 12,3)?
2. Woher hat das Tier seine überragende Wortgewalt (5) und wie setzt es sie ein (6)?
3. Was können Sie über die Machtfülle dieses Tieres sagen (7)?

 Übertragung ins Leben

Noch kurz vor der Ernennung von Adolf Hitler zum Reichskanzler wurde Reichspräsident von Hindenburg so zitiert: „Er denke gar nicht daran, den österreichischen Gefreiten zum Wehrminister oder Reichskanzler zu machen." Doch es war nicht die Stunde der Vernunft, sondern der braunen Dämonie. Beim Auftreten des Weltdiktators wird es ebenso sein. Hinter seiner Herrschaft werden in einer noch stärkeren Konzentration gewaltige

Finsternismächte agieren. Politische Instanzen, gültige Verträge und menschlicher Widerstand werden von diesem Despoten ebenso wie 1933 rigoros hinweggefegt werden. Die von Satan inspirierte Wirksamkeit des Antichristen werden nur diejenigen erkennen, die sich zu Jesus Christus halten. Ihn aufhalten werden aber auch sie nicht.

Suchen Sie nun die Fakten, die Ihnen persönlich helfen, im Vertrauen auf Jesus zu bleiben und halten Sie diese als Leitsätze schriftlich fest.
Nehmen Sie die Ergebnisse aus dem Gespräch für das Gebet auf! Denken Sie dabei auch fürbittend an Christen, die gegenwärtig schon totalitären Regimes ausgesetzt sind.

 Gesprächsimpulse

Sprechen Sie darüber, was Ihnen bei diesem Text Angst macht. Versuchen Sie nicht, Beklemmungen durch plakative Glaubenszuversicht zu zerstreuen. Nur wer sich ehrlich seinen Empfindungen stellt, kann sie vor Gott bringen und mit ihm überwinden.

Eigene Gedanken

_____
_____
_____
_____
_____

Verführt!

Offenbarung 13,11-18

 Erklärungen zum Text

Das Tier, das aus der Erde aufsteigt, setzt auf Verführung (14). Darauf weist sein Aussehen (*wie ein Lamm*) hin. Offenbar lässt sich die Menschheit von seinem Äußeren und den Wundern blenden. Doch die Worte verraten, in welcher Macht das Tier redet (11). Durch seine Lügen verleitet das Tier die Menschen zur Anbetung des Standbildes. Verweigerer werden für den Tod selektiert (15). Wer sich dagegen auf dieses totalitäre System einlässt, bleibt zwar am Leben, verliert aber die Freiheit über Gedanken und Handeln (16).

Die Zahl 666 ist eine verhüllte Darstellung, wie man sie bei Geheimschriften gern anwendete, so etwa in der jüdischen Kabbala. Um Aussagen zu verhüllen, werden Wörter mit Hilfe des Zahlenwerts ihrer Buchstaben als Zahlenkombinationen dargestellt (18).

Zeichen (16): Siehe „Kleines Bildwort-Lexikon", Seite 124.

 Fragen zum Text

1. Wie können Sie die Aufgabe des zweiten Tiers beschreiben, wenn Sie auf seine späteren Benennungen achten (16,13; 19,20)?
2. Wieso ist das Ergebnis, wer das Bild anbeten und nicht anbeten wird, vor Gott nicht offen (15)? Lesen Sie dazu Vers 8.
3. Welche Gründe konnte es geben, beispielsweise den Namen eines römischen Herrschers nicht in Klartext an die Gemeinden in Kleinasien zu übermitteln (18)?

 Übertragung ins Leben

Die Zeichen an Stirn oder Hand erwecken den Eindruck einer satanischen Nachahmung von göttlichen Anweisungen (2. Mose 13,9; 5. Mose 6,8).

Auch Menschen, die nichts glauben, verhalten sich tief religiös. Die Mehrheit unterstellt sich willig der satanischen Trinität (dem Drachen, dem Tier aus dem Meer und dem Tier aus der Erde). Sie betet an – aber den Antichristen (4.8). Sie akzeptiert staunend Wunder, aber ohne Unterscheidungsvermögen.

Sie wird mit ihrem Denken und Handeln (dafür stehen wohl Stirn und Hand) so sehr von satanischen Prinzipien bestimmt, dass eine totale Gleichschaltung gelingt. Zweifellos lassen sich in unserer Gegenwart deutliche Tendenzen einer Weltdiktatur erkennen. Dazu gehören die Macht der Banken und Medien und die Globalisierung der Wirtschaftsräume. Eine biblische Ethik, die gut und böse unterscheidet, wird zunehmend mit einer diskriminierenden Haltung gleichgesetzt.

 Gesprächsimpulse

1. Warum ist es wichtiger, Satans Strategie zu entlarven und sich dagegen zu wappnen, als sich bei der Art des Zeichens auf eine bestimmte Technik festzulegen (16-17)?
2. Warum kann eine Liste mit Namen missliebiger Leute, auf die die Zahl 666 passt, keinen von Gott geprägten Lebensstil ersetzen?
3. Welche positiven Gründe sprechen für ein Leben in der klaren Abgrenzung gegen den Lebensstil einer gerichtsreifen Welt?

Eigene Gedanken

_____

_____

_____

_____

_____

Das Tier

Seine Herkunft
Das erste Tier stammt aus dem *Meer*. Was ist damit gemeint?
Jenseits der Erde mit ihren Weltmeeren begann für den Menschen der Antike der Abgrund. Wer sich also am *Ende der Erde* (Ps 61,3) oder an den Grenzen des *äußersten Meeres* (Ps 139,8-9) wusste, war dem Abgrund nah.
In der Bibel werden die Begriffe gebraucht, wie sie damals verstanden worden sind, ohne dass damit ein bestimmtes Weltbild als richtig oder falsch festlegt wird.
In Offenbarung 12,18 ist also nicht von einer Strandpromenade die Rede. Satan wendet sich vielmehr an den Rand des Abgrunds, aus dem der Antichrist aufsteigt. Vergleichen Sie die folgenden Parallelen, in denen die Begriffe *Meer* und *Abgrund* austauschbar füreinander gebraucht werden: Offenbarung 11,7; 17,8. Dass es sich dabei jeweils um den Antichrist handelt, belegen die Beschreibungen in Offenbarung 12,3 und 17,3 (*sieben Häupter, zehn Hörner*).
Das *Meer* als Aufenthaltsort bestimmter Dämonen (vgl. Lk 8,31) und Herkunftsort des Antichristen wird es in Gottes neuer Welt nicht mehr geben (21,1).

Sein Wesen
Johannes gebraucht in seinen Briefen den Begriff *Antichrist* im Zusammenhang mit den gnostischen Irrlehrern. Sie leugneten, dass Jesus Gottes Sohn sei.
In 1. Johannes 2,18 spricht der Apostel davon, dass schon *viele Antichristen gekommen* seien. Damit meint er historische Einzelpersonen, die durch eine ausgeprägte Feindschaft gegen Gott und jegliche Gottesfurcht in Erscheinung getreten sind. Eine erschreckend klare Vorstellung vom Typus des Antichristen gab Antiochus Epiphanes, der auch von Daniel prophetisch beschrieben wird (Dan 7,24-25; 11,21-35 und andere; vgl. auch die jüdischen Schriften 1. Makk 1 und 2. Makk 5–6.)
In 1. Johannes 4,3 spricht der Apostel vom *Geist des Antichristen*. Er leugnet, dass Gottes Sohn für unsere Schuld gekreuzigt wurde. Damals wurde diese Auffassung durch die Lehren der Gnosis vertreten (vgl. auch 2. Thess 2,7), heute werden wir damit durch die Lehre im Islam konfrontiert.
Jesus spricht über den endzeitlichen Widersacher als einen, *der in seinem eigenen Namen kommen wird* (Joh 5,43).
In 2. Thessalonicher 2,3-4 beschreibt der Apostel den Antichristen als *Mensch der Bosheit* (wörtlich „Mensch der Gesetzlosigkeit"), als *Sohn des Verderbens* und als *Widersacher, der sich erhebt über alles, was Gott oder Gottesdienst heißt*.
Der Antichrist mit dem raubtierhaften Wesen wird dem Lamm gegenübergestellt. In gleicher Weise steht die machthungrige Hure als Gegenbild zur verfolgten Frau. In beiden Fällen erweist sich die vermeintliche Schwäche von Lamm und Frau als Stärke, weil sie Gottes Allmacht zulässt. Diese Zusammenhänge haben Christen aller Zeiten ermutigt und ihnen die Angst vor der eigenen Ohnmacht angesichts der übermächtigen Bedrohung genommen.

Jesus kommt als Richter
(Offenbarung 14)

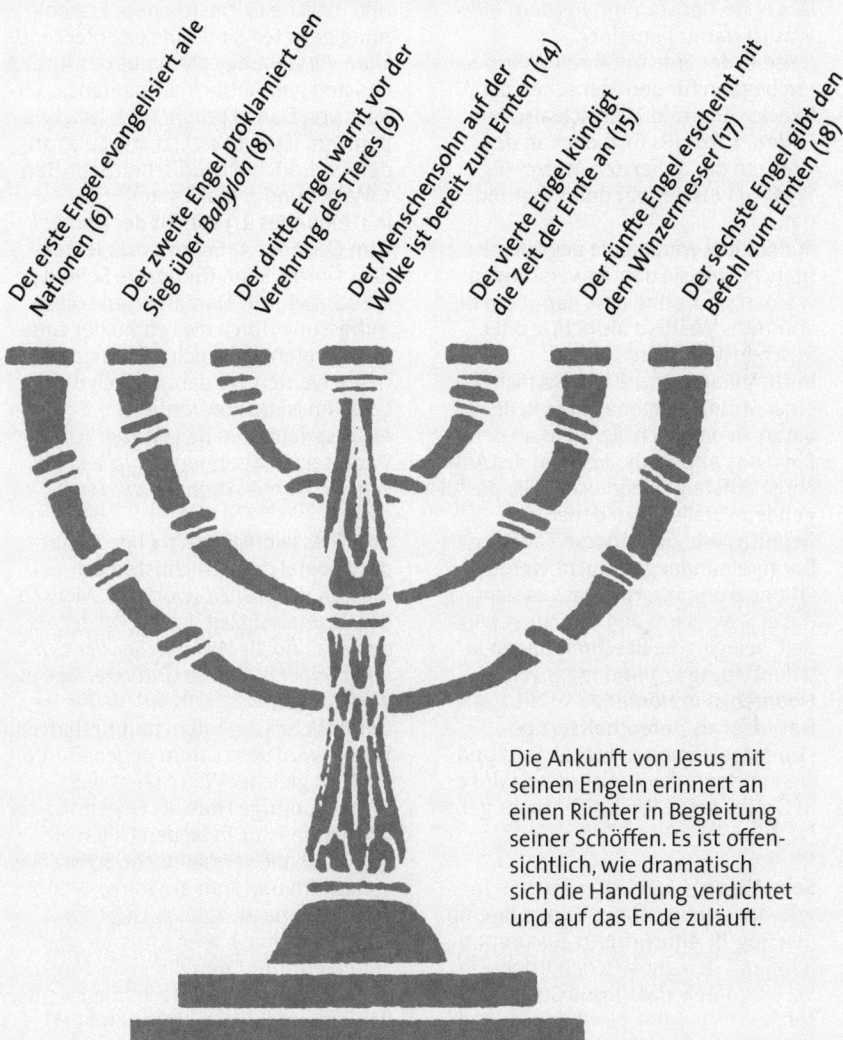

- Der erste Engel evangelisiert alle Nationen (6)
- Der zweite Engel proklamiert den Sieg über *Babylon* (8)
- Der dritte Engel warnt vor der Verehrung des Tieres (9)
- Der Menschensohn auf der Wolke ist bereit zum Ernten (14)
- Der vierte Engel kündigt die Zeit der Ernte an (15)
- Der fünfte Engel erscheint mit dem Winzermesser (17)
- Der sechste Engel gibt den Befehl zum Ernten (18)

Die Ankunft von Jesus mit seinen Engeln erinnert an einen Richter in Begleitung seiner Schöffen. Es ist offensichtlich, wie dramatisch sich die Handlung verdichtet und auf das Ende zuläuft.

Verfolgt und dennoch am Ziel!

Offenbarung 14,1-5

 Erklärungen zum Text

Unvermittelt eröffnet sich nach der Bedrängnis (in Kapitel 13) ein friedliches Bild. Das Lamm steht an dem Ort, den Gott sich zur Herrschaft erwählt hat. Bei ihm stehen, *die erkauft sind von der Erde* (3) – weinend, stöhnend, klagend? Nein, singend! Die Botschaft des Bildes spricht für sich selbst.
Die prophetische Symbolsprache schließt eine mathematische Auffassung der Zahl 144.000 aus. Ebenso zu verneinen ist, dass hier das fehlende Intimleben einer zölibatär lebenden Gruppe veröffentlicht wird (4). Nirgendwo in der Bibel wird eheliche Sexualität als Befleckung bezeichnet. Die Erlösten bilden vielmehr einen Gegensatz zu der *Hure* in Kapitel 17, weil sie treu an Jesus festgehalten haben.
Alles Erste der Ernte oder bei der Geburt galt als heilig, weil es dem Herrn geweiht war und nicht mehr unter der Verfügungsgewalt von Menschen stand (3. Mose 23,14). In diesem Sinne sind diese Erlösten *Erstlinge* (4). Weiter bedeutet *Erstlinge*, dass das Erste das Angeld des Ganzen ist (wenn es Erste gibt, dann folgen logischerweise weitere). In diesem Sinne unterstreicht die Aussage von Jesus in Offenbarung 1,5 den Charakter der Verheißung.

 Fragen zum Text

1. Was hört Johannes und was sieht er? Markieren Sie die entsprechenden Textstellen! Was entdecken Sie, wenn Sie nun Kapitel 7,4 mit 14,1 vergleichen?
2. Woraus geht hervor, dass der Lebensstil dieser Menschen nicht die Voraussetzung, sondern eine Folge ihrer Erlösung war (3-4)?
3. Von welchen zwei Tätigkeiten dieser 144.000 wird hier berichtet?

 Übertragung ins Leben

Die Herrschaft des Lammes und derer, die zu Jesus gehören, wird durch die Gewaltherrschaft des Antichristen nicht berührt. Er ist sehr mächtig und kann Menschen verfolgen und töten, das ist furchtbar genug. Aber seine Herrschaft bleibt dennoch begrenzt. Das vergessen wir oft bei Gesprächen über das endzeitliche Geschehen. Immer wieder enden sie mit Ängsten vor der Zukunft, weil wir nur das Vorläufige im Blick haben und nicht auch das ewige Ziel.

 Gesprächsimpulse

1. Diese Hundertvierundvierzigtausend zeichnen sich zum einen durch ihren bewussten Lebensstil des Gehorsams aus. Versuchen Sie vier Punkte ihrer Biografie (4-5) auf Ihr eigenes Leben zu übertragen. Wie sieht es damit bei Ihnen aus?

2. Danken Sie Gott dafür, dass Verfolgung, Terror und der Tod durch die Handlanger des Antichristen nicht das Ende sind. Ebenso gehören Unrecht, Krankheit und schwierige Situationen zu unserer Zeitlichkeit. Richten Sie Ihre Gedanken auf das Lamm und auf seinen für Sie vollbrachten Sieg!

Eigene Gedanken

_____
_____
_____
_____
_____
_____
_____
_____

Der Weltenrichter kommt

Offenbarung 14,6-20

 Erklärungen zum Text

Der, der einem *Menschensohn* gleicht (14), erscheint in Begleitung seiner Engel. Drei gehen ihm voraus (6.8.9) und drei folgen ihm (15.17.18). Sehen Sie sich zur Veranschaulichung die Übersicht auf Seite 85 an. Jesus kommt, um die Welt zu richten (7). Wann? Am Ende der Zeit (15). Die Tätigkeiten der Engel des Himmels stehen in einem ursächlichen Zusammenhang mit den Ereignissen auf der Erde.
Bei der *weißen Wolke* (14) handelt es sich nicht um ein wetterbedingtes Phänomen, sondern um die Herrlichkeitswolke, die bei den Juden Schechina heißt. Sie ist das Zeichen von Gottes Gegenwart (2. Mose 14,20; 19,9; Mt 17,5). Wenn Sie diesen Text über die Ernte mit Matthäus 13,30.37-41 oder Matthäus 24,29-31 vergleichen, werden Sie feststellen, dass sich hinter den Bildreden der Gleichnisse hochdramatische Sachverhalte über das Ende der Welt verbergen.
Der *Menschensohn* bringt die Ernte persönlich ein (15-16). Der sechste Engel hingegen sammelt auf Befehl des Engels am Altar die Menschen, die unter Gottes Zorn stehen.
Mit dem Tag des Gerichts sind die Verhältnisse vertauscht: Einst hat man Jesus *vor den Toren der Stadt* Jerusalem (Hebr 13,12) gekreuzigt. Nun steht das Lamm mit den Erlösten mitten auf dem Zionsberg (1). Und über die Gottlosen ergeht das Gericht – nicht gerade zufällig *draußen vor der Stadt* (20).

 Fragen zum Text

1. Wie proklamiert der Engel das Verhältnis von Gott zur Schöpfung (7)?
2. Wo wurden die einzelnen Schöpfungsbereiche in dieser Reihenfolge schon mal genannt (Offb 8,7-10)?
3. Welche grundlegende Verfehlung weisen Menschen auf, die sich an Stirn und Hand kennzeichnen lassen (9)?
4. Worauf beziehen sich die Bilder von den Trennverfahren sowohl mit der Sichel als auch mit der Kelter?

Übertragung ins Leben

 Gesprächsimpulse

In den 80er Jahren des letzten Jahrhunderts hat die Synode der „Church of England" beschlossen, die Hölle abzuschaffen, da die Vorstellung darüber nicht mehr zeitgemäß sei. Natürlich können auch wir Stellen, die von Gottes Zorn und Gericht sprechen, als archaische Vorstellungen abtun. Für viele Menschen wird das Gericht völlig überraschend, aber nicht ohne die Möglichkeit kommen, zuvor umzukehren. Überprüfen Sie die Botschaft des ersten Engels im Blick auf Ihre eigene Person (7): Worin erweist sich Ihre Gottesfurcht im Alltag?

1. Wie wirkt sich das Wissen, dass jeder für sein Reden und Handeln zur Verantwortung gezogen wird, auf Sie persönlich aus?
2. Welchen Lohn hat das, was wir im Dienst für Gott und an den Menschen oft unter Mühsal investiert haben (13)?
3. Ist Ihnen aufgefallen, wie oft in diesem Abschnitt von Gottes Zorn die Rede ist? Woran entzündet er sich und gegen wen ist er gerichtet? Vergleichen Sie dazu Psalm 5,5 und Johannes 3,36.

Eigene Gedanken

Anbetung und Zorn

Offenbarung 15,1-8

 Erklärungen zum Text

Der Blick geht weg von der Kelter *draußen vor der Stadt* (14,20) zum Himmel. Hier sieht Johannes ein Doppeltes: Anbetung und Zorn. Der Begriff *Zorn* beherrscht in diesem Stadium fast das gesamte Geschehen (14,19; 15,1.7; 16,1.19). Ausgenommen davon sind diejenigen, die den Zorn des Tieres haben über sich ergehen lassen müssen und dafür mit ihrem Leben bezahlt haben. Sie werden jedoch nicht als die großen Verlierer bezeichnet, sondern als die, *die den Sieg behalten hatten*. Ihr Lobpreis bezeugt Einsicht in Wege, die mit Sicherheit von schwierigen Abschnitten gekennzeichnet waren (3-4).
Das *Lied des Mose und des Lammes* bleibt im Gegensatz zu dem in Kapitel 14,3 nicht verborgen. Sein Text wird uns mitgeteilt. Es bildet die Grundlage des Anbetungslieds von Stuart Dauermann: „Groß und wunderbar!"
Der Tempel (5) hat, wo immer er in Verbindung mit der Erde gebracht wird (16,1), die Funktion eines Gerichtshofes (11,19; 15,8; 16,1). Die Kleidung der Engel ist die von Priestern (6). Sie räumen den Tempel, denn für die Zeit der letzten Gerichte wird niemandem der Zutritt gestattet. Gott will in seinem Zorn allein sein.

 Fragen zum Text

1. Wodurch unterscheidet sich das hier beschriebene *gläserne Meer* von dem in Kapitel 4,6?
2. Was erfahren Sie über Gottes Wesenszüge aus diesem himmlischen Liedtext?
3. Welche Funktion haben die Engel, die hier aus dem Tempel im Himmel herauskommen? Beachten Sie dazu ihre „Berufs"-Kleidung (6; 3. Mose 8,13).

 Übertragung ins Leben

Erkenntnis über Gott erhalten wir vor allem, wenn wir in seiner Nähe bleiben. Die Überwinder stehen vor seinem Thron und beten ihn an. Das Gleiche ist in gewisser Weise auch uns schon möglich. Durch das Gebet haben wir Zutritt bis in seine unmittelbare Gegenwart. Dort erkennen wir mehr und mehr seine Allmacht, sein gerechtes Handeln und sein Anderssein, das in uns Ehrfurcht auslöst. Manchmal sind es Lieder, die uns die rechten Worte verleihen (3), oder Gebete der Bibel wie dieses hier in Vers 3-4.

2. Nehmen Sie das Lied der Überwinder (3-4) oder ein Lied von Christen unserer Zeit als Grundlage für ein persönliches Gebet.

 Gesprächsimpulse

1. Jemand sagte einmal ziemlich pauschal: „Viele Christen werden beim Singen zu Lügnern." Wie denken Sie darüber: Ist da etwas dran? Sprechen Sie heute doch einmal über Liedaussagen: über solche, die Sie bewusst schon ausgelassen haben, oder solche, die Ihnen eine Wegweisung gegeben und Sie ermutigt haben.

Eigene Gedanken

Gottes grimmiger Zorn

Offenbarung 16,1-21

 Erklärungen zum Text

Die Gerichte, die durch das Ausgießen der Schalen über die Schöpfung gehen, sind nicht neu. Die Reihenfolge der ersten vier Katastrophen gleicht der in Kapitel 8. Doch war deren Einfluss stets auf ein Drittel begrenzt. Nun trifft Mensch und Natur die volle Wucht des Zornes Gottes.

Etliches erinnert stark an die Plagen in Ägypten, als Gott sein Volk Israel aus der Sklaverei erlöste: der Ausbruch von Geschwüren (2), die Verwandlung von Wasser in Blut (3-4), die Verfinsterung des Landes (10) und das Austrocknen des Wassers, um einen Landweg zu schaffen (12).

Finstere Mächte sind die eigentlichen Drahtzieher des letzten großen Krieges (13-14). Sie bedienen sich der Machthaber, als seien sie Figuren auf einem Schachbrett. Eine Großaufnahme des Endes wird in Kapitel 19,17-21 gezeigt. Dreimal wird erwähnt, dass sich die Menschen unter dem Druck der Ereignisse an Gott erinnern und – ihn lästern (9.11.21)! Beachten Sie dazu im Gegensatz die Aussagen des Engels (5-7)!

 Fragen zum Text

1. Welche Folge des Gerichts über den Erdboden wird hier im Gegensatz zu der Plage in Kapitel 8,7 genannt (2)?
2. Wie wird der Engel in Vers 5 genauer bezeichnet? Vergleichen Sie die Benennung, indem Sie mehrere unterschiedliche Übersetzungen zu Rate ziehen!
3. Welche Aufgabe haben die bösen Geistesmächte auszurichten (13-14)?
4. Was macht den Ort der siebten Schale so brisant? Lesen Sie dazu bitte Epheser 2,2; 1. Thessalonicher 4,17.

 Übertragung ins Leben

Viele Leute haben „Schwein gehabt", wenn es ihnen gut geht. Aber wehe, es trifft sie ein harter Schlag! Dann wenden sie sich verbittert gegen Gott und fordern ihren Anspruch auf Glück ein. Mit der Haltung, „nun erst recht nicht", wird versucht, die Ablehnung Gottes nachträglich zu rechtfertigen, obwohl sie zuvor schon feststand.

Gesprächsimpulse

1. Gottes Gerichte haben das Ziel, Menschen zur Umkehr zu rufen (8). Warum reagieren die Menschen wohl derart boshaft (9.11.21)? Tatsächlich gibt es Fälle, wo zutrifft, dass Not beten lehrt. Welche positiven Beispiele kennen Sie, wo ein Mensch durch eine Notsituation zu Gott gefunden hat?
2. Lassen Sie sich von diesem Gebet aus dem Alten Testament zu einem persönlichen Gebet anregen: „Wir warten auf dich, HERR, auch auf dem Weg deiner Gerichte; des Herzens Begehren steht nach deinem Namen und deinem Lobpreis. Von Herzen verlangt mich nach dir des Nachts, ja, mit meinem Geist suche ich dich am Morgen. Denn wenn deine Gerichte über die Erde gehen, so lernen die Bewohner des Erdkreises Gerechtigkeit" (Jes 26,8-9).

Eigene Gedanken

_____
_____
_____
_____
_____
_____
_____

Farben als Teil der Bildersprache

Farben haben auch in der Gegenwart vielfach Symbolcharakter. Häufig werden sie mit politischen Parteien oder mit Fußballvereinen in Zusammenhang gebracht. Bei Markenprodukten gehört die Farbgebung zum Erscheinungsbild einer Firma. Diese Art von Identifikation setzt Informationen voraus. Die apokalyptische Literatur bediente sich mit Vorliebe der Farben als Möglichkeit der verschlüsselten Darstellung; denn sie wurde von Eingeweihten sofort verstanden, während sie sich anderen nicht ohne Weiteres erschloss.

Das sicher bekannteste antike Beispiel für den symbolischen Charakter von Farben bietet die Literatur der Essener, einer jüdischen Sekte. Hier stehen Schwarz und Weiß für den Kampf der Söhne des Lichts gegen die Söhne der Finsternis – nachgestellt am Schrein des Buches in Jerusalem.

In der Offenbarung stoßen wir auf etliche Angaben über bestimmte Farben. Sie sind keineswegs bunte Ausschmückungen von Visionen. Es ist höchst aufschlussreich zu entdecken, wem und was bestimmte Farben zugeordnet sind. Damit erfüllen sie die Funktion einer Identifikation, ähnlich wie die Farben von Nationalflaggen.

Als Teil der Bildersprache stehen sie für Fakten, die sich aus dem biblischen Zusammenhang oder aus der damaligen Kultur ableiten lassen. Als klassisches Beispiel sei der Purpur genannt. In den antiken Kulturen des mittleren Ostens galt er als Farbe der Könige. In dieser Bedeutung wird Purpur auch im Neuen Testament genannt. Weiß stand dagegen für Reinheit. Diese Symbolik steht bis heute hinter der Sitte, dass eine Braut sich am Hochzeitstag in Weiß kleidet.

Weiß

Das Haar von Jesus ist schneeweiß (1,14). In der Bildersprache wird damit ausgedrückt, dass ihm die Reinheit und Heiligkeit Gottes eigen ist. Am Ende der Zeiten werden die Menschen sich vor einem großen weißen Thron zu verantworten haben (20,11). Das heißt, sie werden es mit einem heiligen, absolut unbestechlichen Richter zu tun haben.

Jesus wird keineswegs auf einer dunklen Regenwolke zur Erde kommen, sondern auf einer weißen Wolke (14,14). Es ist eine Wolke, wie sie beim Volk Israel gesehen wurde, als sich Gottes Herrlichkeit verhüllte (2. Mose 40,34-38). Jesus ist in ein weißes Gewand gekleidet und verspricht es auch denen in Sardes, die durch den Glauben überwinden (3,4). Auch die Ältesten in Gottes Thronumgebung tragen weiße Kleider (4,4). Die Märtyrer, die ungeduldig am Altar zu Gott rufen, erhalten weiße Gewänder (6,11). In einer Vision sieht Johannes die Menge der Erlösten in weißen Kleidern vor Gottes Thron kommen (7,9). In Kapitel 7,14 wird mitgeteilt, wie es möglich war, die weißen Kleider vom Schmutz der Sünde rein zu halten.

Das Heer der Erlösten folgt Jesus in weißes reines Leinen gehüllt aus dem Himmel.

Die Bedeutung der weißen Farbe ist in diesen Fällen ganz ohne Zweifel die Farbe der Reinheit (vgl. 19,8). Als Königtum von Priestern (1,6) tritt die Menge der Erlösten so vor Gott, wie es einst für den Hohepriester vorgeschrieben war. Er durfte sich nur in den heiligen

Kleidern dem Heiligtum Gottes nähern (3. Mose 16,4.32).
Das Pferd, das damit beginnt, Gottes Willen über die Erde zu tragen, ist weiß (6,2). Es kommt von seinem Thron. Auch die letzte Auseinandersetzung zwischen Himmel und Erde findet auf weißen Pferden statt (19,11.14). Gottes Gerechtigkeit wird siegen.

Purpur und Scharlachrot
Als Jesus mit einer Dornenkrone und einem Purpurgewand bekleidet wurde, hatte das Purpurgewand eine Botschaft, die von den Zuschauern auch ohne Worte durchaus verstanden wurde. Die Dornenkrone sollte Jesus demütigen und verletzen. Und durch das Gewand wurde sein Anspruch, König der Juden zu sein, lächerlich gemacht (Mt 27,28-29).
Die Farben Purpur und Scharlachrot werden in der Offenbarung nur im Zusammenhang mit der Hure und dem widergöttlichen System der Endzeit genannt. Sie bilden praktisch das Erkennungsmerkmal jener Mächte, anhand derer sie identifiziert werden können. Der dunkelrote Purpur symbolisierte in der Antike die Königswürde. Damit ist durch die Farbe bereits dargestellt, wovon sich das endzeitliche religiöse System leiten lässt: Das Erlangen von Macht hat absolute Priorität. Die Farbe Weiß wird in diesem Zusammenhang überhaupt nicht erwähnt. Das lässt tief blicken.
Die Hure ist in Purpur gekleidet (17,4). In Babylon wird mit Purpur gehandelt (18,12). Und die merkwürdige Bemerkung in Kapitel 18,16 erinnert daran, dass es sich um Bildersprache handelt: *Die Stadt war mit Purpur bekleidet*.
Das Scharlachrot wird im letzten Buch der Bibel stets in enger Verbindung mit dem Purpur genannt (17,3.4; 18,12.16). Scharlachrot ist auch die Farbe des Tieres, auf dem die Hure reitet (17,3). In Jesaja 1,18 wird Scharlachrot übrigens in Verbindung mit der Sünde genannt.

Rot
Das griechische Wort „pyrros" wird in Kapitel 6,4 mit *feuerrot* und in Kapitel 12,3 mit *rot* übersetzt. Beide Ausdrücke sind in ihrer Bedeutung aber übereinstimmend. In beiden Fällen erscheint das Rot im Zusammenhang mit Krieg (12,7).

Grün
Das griechische Wort „chloros" hat sowohl die Bedeutung *fahl* (6,8) als auch *grün* (8,7; 9,4). Es wird im Zusammenhang von Krankheit, Siechtum und Tod gebraucht. (Das Besondere an Kapitel 9,4 ist, dass der Tod als Erlösung von der Qual nicht eintritt.)

Schwarz
Der Reiter auf dem schwarzen Pferd sorgt für einen Preisanstieg der grundlegenden Nahrungsmittel (6,5). Und nach dem Öffnen des sechsten Siegels verfinstert sich die Sonne (6,12). Sie gleicht Trauernden jener Zeit, die sich in grob gewebte schwarze Säcke gekleidet haben. In beiden Zusammenhängen geht es um Leid und Elend.

Die abservierte „Hure"

Offenbarung 17,1-18

 Erklärungen zum Text

Die *Hure* schließt als Gegenbild an die *Frau* in Kapitel 12 an. Sie verkörpert ein religiöses System, das sich den politischen Machthabern angebiedert hat. Johannes trifft sie dort an, wo auch die *Frau* wohnt (3; 12,6.14). Vermutlich ist der Apostel deshalb über die Maßen erstaunt. Die *Hure* ist äußerst attraktiv. Und sie scheint ein weiteres Plus zu haben: Es sieht so aus, als ob sie in der Lage sei, auf das *Tier* einzuwirken, auf dem sie reitet. Doch der Schein trügt. Man lässt sie gewähren, solange sie für das politische System nützlich ist, und dann wird sie eiskalt abserviert (16). Wer auf das Aussehen des *Tieres* achtet, bemerkt, dass es der Antichrist ist.
Die Bedeutung der Verse 8-14 ist uns (noch) verborgen. Klar ist nur, dass das Geschehen der Endzeit ganz Gottes Plänen folgt.

 Fragen zum Text

1. Welche Unterschiede in der äußeren Erscheinung und Lebensart erkennen Sie zwischen der *Hure* (4-6) und der *Frau* (12,1-6.14)?
2. Welche Parallele zu Jesus wird bei dem Tier ersichtlich (8.11)? Welche Wirkung erzielt es damit bei den Massen?
3. Welche Aussage im Text zeigt, dass die Machtfülle des Tieres und seiner Mitstreiter sowie die tragische Rolle der *Hure* Teile von Gottes Plan für diese Welt sind (17)?
4. Das Ziel des *Tieres* wird die Verdammnis sein. Was wissen Sie über diesen Zustand der Verlorenheit? Lesen Sie dazu Matthäus 7,13; 23,33; Römer 5,18; 8,1.

 Übertragung ins Leben

Tendenzen der Gegenwart stehen uns lebhaft vor Augen. Da gibt es Kirchen und Freikirchen, die um den Preis der Anbiederung an die Welt Glaubensgrundsätze aufgeben und ihr geistliches Gepräge verlieren. Vielerorts sind Gläubige innerhalb eines säkularisierten Christentums zu Minderheiten geworden. Der scheinbar tolerante Pluralismus entpuppt sich als Geist der Hurerei gegenüber Gott, aber

höchst unduldsam gegenüber denen, die man mit Vorliebe als Fundamentalisten abstempelt. Wer an dem Anspruch festhält, dass es Erlösung allein durch Jesus gibt, gilt als rückständig und als einer, der andere ausgrenzt.
Es fällt nicht schwer, die Aussagen der Offenbarung auf dem Hintergrund dieser Tendenzen nachzuvollziehen. Sie sollten uns zu erhöhter Wachsamkeit, aber nicht zu irgendwelchen Spekulationen veranlassen.

3. Der Sieg des Lammes über die Aggressoren steht fest (14). Daran werden diejenigen, die zu ihm gehören, Anteil haben. Wie sehen kleine Siege in unserem Alltag aus?

 Gesprächsimpulse

1. Welche Anzeichen gibt es für die rasante Zunahme einer antichristlichen Religiosität?
2. Wie können sich Christen in diesem Prozess der Säkularisierung verhalten?

Eigene Gedanken

_____
_____
_____
_____
_____

Weinen und jubeln

Offenbarung 18,1-24

 Erklärungen zum Text

Person und Stadt, die *Hure* (Kap. 17) und *Babylon* sind nicht voneinander zu trennen (10; 19,2). Die *Stadt* steht hier für das gesamte System, so wie Moskau für Russland oder Brüssel für Europa. Religion und Staat sind eine Zweckgemeinschaft eingegangen, bei der es schien, als ob die Kirche den Staat beherrschen und lenken könne (17,3).
Doch man entledigt sich jener *Hure*, um an ihrem Reichtum teilzuhaben, ohne weiter ihren Einfluss ertragen zu müssen (17,16). Gott hat allerdings das Ende des gesamten Systems verfügt (8.17). Das unerwartete Aus ruft in Politik und Wirtschaft große Betroffenheit hervor. Ihre Nachrufe sind nicht vom Mitleid, sondern von der Trauer um den verlorenen Reichtum geprägt (9-19). In ihrer Gier schreckte die *Hure* nicht davor zurück, selbst Menschen als Ware zu vermarkten (13). Fünfmal wird durch das, was es *nicht mehr* geben wird, betont, dass es für *Babylon* keine Zukunft gibt (21-24). Während auf der Erde die Fahnen auf Halbmast hängen, fordert der Himmel die Gemeinde zum Jubeln auf (20). Obwohl sie noch in der Welt lebt, teilt sie deren Wertmaßstäbe nicht; denn sie sieht hinter der Katastrophe Gottes gerechtes Handeln.

 Fragen zum Text

1. Klingt Ihnen nicht noch die Siegesmeldung aus Kapitel 14,8 im Ohr? Hier wird sie wiederholt (2) und das Geschehen ausführlich begründet (ab Vers 3). Was lesen Sie in diesem Kapitel darüber, wie diese Stadt verwüstet wird (8)? Lesen Sie dazu Kapitel 16,18-20.
2. In welchem Zeitraum wird all die fragwürdige Herrlichkeit vernichtet werden (8.17.19)?
3. Was spricht dafür, dass die Aufforderungen in Vers 6-7 dem Heer des Himmels gilt und nicht Gottes Volk, das eine klare Trennung vollziehen soll (4-5)?
3. Welche Art von Leuten stimmen in diesem Kapitel ihre Klagelieder an (3.9.11.15.17)? Wer waren ihre Opfer (4.13.20.24)?

Übertragung ins Leben

Wer das Böse nur eilfertig verharmlost, wird zwar geduldet, solange es zweckmäßig erscheint, aber doch nie geachtet. Das Ende des religiösen Systems, der *Hure* zeichnet den Irrweg einer Kirche vor, die nicht mehr Gottes Wertmaßstäbe, sondern ihr eigenes Spiegelbild der Gesellschaft repräsentiert.

Den verführerischen Geist von *Babylon* treffen wir überall dort an, wo es Gottes Geist nicht mehr gestattet wird, das Gewissen der einzelnen zu prägen, und Mahner mundtot gemacht werden.

 Gesprächsimpulse

1. Welchen Trends oder Gewohnheiten am Arbeitsplatz oder in der Gesellschaft verweigern Sie sich aus christlicher Überzeugung?
2. Wie sieht Nicht-Teilhabe an den Sünden anderer für Sie praktisch aus?
3. Worauf soll sich die Freude derer gründen, die in Vers 20 angesprochen werden?

Eigene Gedanken

_____
_____
_____
_____
_____
_____
_____
_____

Hochzeitsfeier

Offenbarung 19,1-10

 Erklärungen zum Text

Johannes hört die Stimmen einer *großen* Schar im Himmel. Sie ist hier zu Hause, auf der Erde hingegen bildete sie eine Minderheit und wurde verfolgt (1-2). Die *Hure* ist wegen der Übergriffe gegen die Christen verurteilt worden (18,20) und die Erlösten danken Gott durch Anbetung.
Der Höhepunkt des Geschehens stellt eine Liebesbeziehung dar, die durch die Hochzeit zur Vollendung kommt. Jesus und seine Gemeinde bilden von nun an nicht mehr nur eine geistliche Einheit. Ab jetzt wird die *Braut* im Himmel wohnen. Wer sind diese *Heiligen*? Der Begriff taucht immer wieder auf und lässt sich leicht deuten (Offb 13,10; 14,12; 18,20)! Alle, die Jesus treu geblieben sind, bilden zusammen die *Braut des Lammes*, so wie die *Hure* die Ganzheit einer gegen Gott gerichteten Menschheit darstellte.
Das reine Leinen, Sinnbild der Gerechtigkeit, hat die *Braut* nicht selbst mitgebracht, es handelt sich um ein Geschenk. *Es wurde ihr gegeben* (8).
Die Reaktion von Johannes zeigt, wie schnell wir uns von starken Empfindungen zu falschen Handlungen überwältigen lassen können (10). Der Apostel muss deshalb nicht nur hier, sondern auch später (22,8-9) korrigiert werden.

 Fragen zum Text

1. Welches Prädikat zeichnet Gottes Gerichtshandeln aus (2)? Lesen Sie dazu auch Kapitel 6,19; 15,3 und 16,5!
2. Wofür steht das Kleid aus *reinem Leinen* (8)? Lesen Sie dazu die bemerkenswerten Aussagen in Jesaja 61,10; 64,5 und Matthäus 22,12.
3. Warum wird in diesem Abschnitt ausschließlich Gott angebetet (5.7)?

 Übertragung ins Leben

Das Bild einer Hochzeit ist Ausdruck einer starken, auf Gegenseitigkeit beruhenden freiwilligen Liebe, die zwei Partner für immer aneinander bindet. Es verwundert nicht, dass Johannes angesichts dieses Bildes überwältigt niedersinkt; denn in dieser Schau wird

das Wesentliche des Glaubens gezeigt.
In der Gemeinschaft mit Jesus bleibt kein Bereich unseres Lebens mehr länger privat, ganz gleich, ob es dabei um Geldangelegenheiten, um Berufswünsche, um die Tagesplanung oder um unsere Sexualität geht.
Sünde ist dagegen ein Trennungsfaktor. Sie hat es mit Heimlichkeiten und dem Wunsch zu tun, das Ego nach eigenem Zuschnitt auszuleben.

2. Nehmen Sie die Anbetung in diesem Kapitel als Vorlage für Ihr eigenes Gebet!
3. Überlegen Sie, auf welche Weise Sie darüber hinaus Gott Ihre Liebe bezeugen können.
4. Stehen Sie in der Fürbitte für Verwandte, Nachbarn und Freunde ein. Bitten Sie, dass sie sich zu dieser „Hochzeit" einladen lassen.

 Gesprächsimpulse

1. Wie sieht die Pflege Ihrer Zweisamkeit mit dem Auferstandenen konkret aus? Welche Formen und Zeiten geben Sie diesen Gelegenheiten?

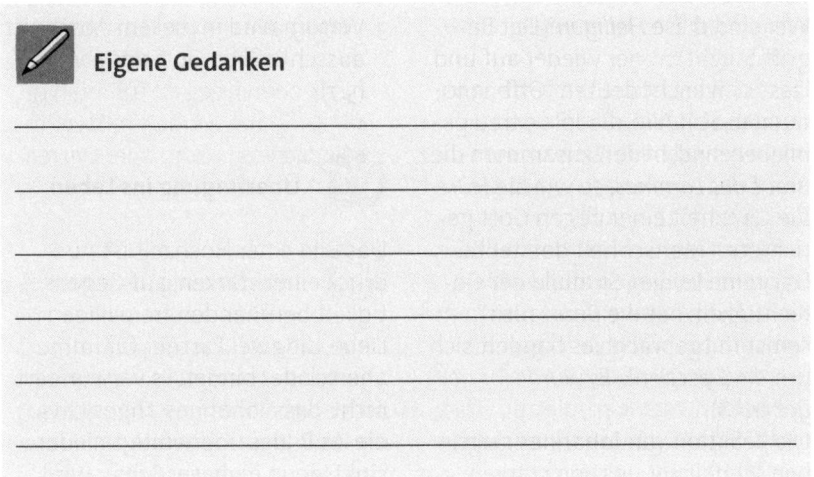

Eigene Gedanken

Jesus: hart, aber gerecht

Offenbarung 19,11-21

 Erklärungen zum Text

Dem irdischen Heer stellt sich das Heer des Himmels entgegen. Der Name des Reiters (11) weist eindeutig auf Jesus hin (3,14), ebenso sein Aussehen (12; vgl. 1,14). Das *Blut* an seiner Kleidung (13) ist diesmal nicht das eigene (Jes 63,1-3). Die Vielzahl der *Kronen* (12) weist Jesus als unumschränkten Herrscher aus (16; vgl. 17,14). Das Heer des Himmels bilden hier nicht die Engel, sondern *die Berufenen und Auserwählten und Gläubigen* (14; vgl. 17,14). Wir erkennen sie an ihren weißen Kleidern (8). Beachten Sie, dass Jesus allein richtet und kämpft (11). Das Heer begleitet ihn zum Sieg.
Das Schwert ist die Waffe der ordnenden Staatsmacht (Röm 13,4) – im Gegensatz zum Bogen, der reinen Kriegswaffe. Jesus wird die Völker hart, aber vollkommen gerecht richten. Sein grimmiger Zorn (15) wird sich gegen alle wenden, die sich ihm verweigern, aber dem Antichristen willig Gefolgschaft leisten (19; vgl. 16,14).
Die beiden Personen, die zur „Trinität" Satans gehören, kommen lebendig (!) an den Ort der Verdammnis. Bei den *andern* (21) handelt es sich um Menschen. Sie müssen sterben und werden sich bei der Auferstehung vor Gott zu verantworten haben (Hebr 9,27; Offb 20,13).

 Fragen zum Text

1. Welchen Rückschluss lässt der Zustand der Kleider bei Jesus und bei dem Heer des Himmels zu (13-14)?
2. Welche drei Tätigkeiten übt Jesus als Herr über diese Welt aus (15)?
3. Erinnern Sie sich noch, was die in Vers 19 genannten Personen dazu trieb, diesen letzten verheerenden Krieg zu führen (vgl. 16,14.16)? Sie werden mitten im Feldzug vom Herrn aller Herren überrascht (vgl. 16,15).

 Übertragung ins Leben

Landläufig wird Jesus gern als Mensch gezeichnet, der mit weichlicher Liebe alles umschlingt, was die Welt an Blasphemie zu bieten hat. Das ist eine Verharmlosung, die der ehrfurchtgebietenden Autorität Jesu nicht gerecht wird. Die Bibel zeigt Jesus anders. Seine Worte sind scharf wie ein Schwert. Damit richtet und tötet er und lässt so Gottes gerechtem Zorn freien Lauf, auch wenn manche das als unchristlich empfinden.

2. Beten Sie Jesus an, indem Sie sich an seinen Eigenschaften orientieren, die im Bibeltext genannt werden.
3. „Dein Reich komme!" – Welche Fakten sind mit dieser Bitte verknüpft?

 Gesprächsimpulse

1. Der Begriff „Gerechtigkeit" war beim ersten Kommen von Jesus mit Leiden verknüpft. Nun steht er im Zusammenhang mit Kampf und Gericht. Inwiefern entspricht das Ihren Vorstellungen über Jesus?

Eigene Gedanken

Satan: verhaftet und eingesperrt

Offenbarung 20,1-3

 Erklärungen zum Text

Satans Festsetzung geschieht völlig unspektakulär. Einer von Gottes *Engeln* kommt und ergreift einfach den *Drachen*. Diese Tatsache verweist auf die ungleichen Machtverhältnisse. Erneut wird der *Abgrund* geöffnet (1; vgl. 9,1) und Satans Einflussmöglichkeit außer Kraft gesetzt. Ob die *tausend Jahre* buchstäblich zu verstehen sind, darüber wird schon 2000 Jahre gestritten.
Beachten Sie die schrittweise Eingrenzung des Teufels. Zunächst ist er aus Gottes Gegenwart auf die Erde verbannt worden (12,7-9). Nun wird der Teufel an den Ort der anderen bösen Geister verbannt (vgl. 9,1; Lk 8,31). Der *Abgrund* ist noch nicht der Ort der endgültigen Verbannung, dem See aus Feuer und Schwefel (vgl. 19,20; 20,10), denn Satan wird noch einmal kurz losgelassen werden.
Die *Kette*, der *Schlüssel* und das *Siegel* verbürgen eine dreifache Sicherung vor Satans Einfluss. Als Drache wird er vor allem in Offenbarung 12 und 13 dargestellt. Die Schlange als listige Erscheinungsform ist bereits in 1. Mose 3,1 bekannt. Der Begriff *Teufel* (vgl. Mt 4,1) gibt das griechische „Diabolos" – wörtlich „Durcheinanderwerfer" – wieder. Und der hebräische Begriff „Satan" bezeichnet einen Widersacher, Feind Verfolger, Ankläger (vgl. Sach 4,2).

 Fragen zum Text

1. Wie können Sie den *Abgrund* beschreiben, wenn Sie dazu Lukas 8,31 heranziehen sowie Offenbarung 9,1; 19,20 und 20,7?
2. In welcher Weise befindet sich Satan im *Abgrund*? Vergleichen Sie das Wort *loslassen* an anderen Textstellen wie Markus 1,7 und Apostelgeschichte 22,30!
3. Woran wird Satan durch die Festsetzung gehindert (3)?

 Übertragung ins Leben

Wie oft haben wir Menschen schon vom Frieden geträumt! Doch es kann nicht wirklich Frieden sein, solange der Teufel die Macht hat, Menschen zu verführen. Noch befindet sich die ganze Erde unter seinem Einfluss, der sich in Grausamkeiten, Egoismus, Rebellion, Maßlosigkeit ... äußert. Satan ist der Urheber von Chaos und Unfrieden, die Völker, Familien, Ehen durchziehen und entzweien. Dabei bedient er sich der Menschen, die mit ihrem vermeintlich freien Willen seine Marionetten sind.

schiedlicher Meinung sind, dann hören Sie einander zu und prüfen Sie die Argumente der anderen. Lassen Sie dem Teufel keine Chance, wegen unterschiedlicher Erkenntnisse Zwietracht zu säen.

2. Welche positiven Aspekte finden Sie im Bibeltext, die Sie zum Danken anregen?

 Gesprächsimpulse

1. An der Lehre vom Tausendjährigen Reich scheiden sich häufig die Geister: Die einen betonen die 1000 Jahre als konkrete Zeitdauer, die anderen verweisen auf die Symbolhaftigkeit von Zahlen gerade in der Offenbarung. Wenn Sie innerhalb Ihrer Gruppe unter-

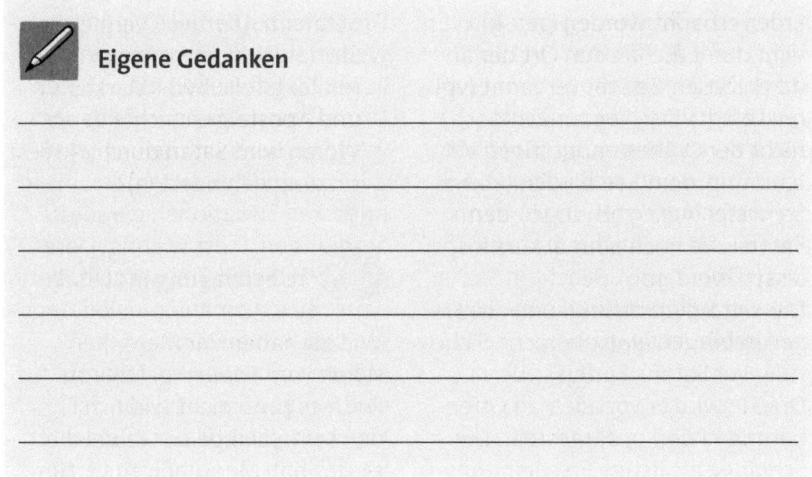

Eigene Gedanken

Vom Minus zum Plus

Offenbarung 20,4-6

 Erklärungen zum Text

Die Ausdrucksweise in Vers 4 nimmt auf, was in Kapitel 6,9 bereits angeklungen ist. Hier setzen sich also jene Christen auf die Richterstühle, die den Märtyrertod gestorben sind und sich dem Antichristen verweigert haben.
Die Persönlichkeit eines Menschen kann auch durch die Hinrichtung nicht ausgelöscht werden (Mt 10,28). Bei den Christenverfolgungen in römischer Zeit sind viele Märtyrer zum Tod durch Enthaupten mit dem Beil oder Schwert verurteilt worden.
Diejenigen, die das Leben ließen, haben den zweiten, ewigen Tod nicht mehr zu fürchten (vgl. Joh 12,25). Die Auferstehung zum ewigen Leben wird hier zunächst durch den früheren Zeitpunkt von der zweiten unterschieden (5). An der ersten Auferstehung haben alle teil, *die in Christus gestorben sind* (1. Thess 4,16). Beachten Sie, dass die Seligpreisung in der Einzahl gebraucht wird (6).

 Fragen zum Text

1. Wem, außer den Opfern des Antichrists, wird zu diesem Zeitpunkt die Regierungsgewalt (Legislative) und Rechtsprechung (Judikative) übertragen (vgl. dazu 1. Kor 6,2; 2. Tim 2,12)?
2. Was spricht dafür, dass *die anderen Toten* (5) der Auferstehung des Gerichts entgegengehen? Lesen Sie dazu Jesaja 24,21-22; Daniel 12,2; Johannes 5,29; Apostelgeschichte 24,15.

 Übertragung ins Leben

Die Opfer bei den Verfolgungen erweisen sich nun als die eigentlichen Sieger. Ließen die äußeren Umstände sie nicht als bedauernswerte Verlierer erscheinen (13,16-17)? Das sind Gedanken, die uns in brisanten Situationen geradezu aufdrängen. Es ist wichtig, klare Antworten vom Ziel her zu haben, damit sich niemand nur von Ängsten bestimmen lässt.
Mehr noch als von Verfolgungen sind wir gegenwärtig von der Halbherzigkeit bedroht. Beachten Sie deshalb die Parallelstelle zu

Vers 4 in Kapitel 3,21 mit ihrem Zusammenhang.
An welcher Auferstehung wir teilhaben, ist kein ungewisses Geschick. Darüber entscheiden wir durch unsere Stellung zu Jesus Christus hier und heute (vgl. Johannes 5,24).

 Gesprächsimpulse

1. Welche Konsequenzen sind folgerichtig, wenn wir die Aussage im Gleichnis aus Lukas 19,11 auf diese Zeit des Tausendjährigen Reichs beziehen?
2. Lesen Sie Offenbarung 6,9. Wie bringen Sie diese Stelle mit der Aussage in Übereinstimmung: *und diese wurden lebendig* (4)?
3. Inwiefern gibt es heute schon eine Teilhabe an der Herrschaft von Christus (5)? Lesen Sie dazu Kolosser 3,4.
4. Danken Sie Gott, dass er Ihnen mit der ersten *Auferstehung zum Leben* ein erstrebenswertes Ziel vor Augen stellt.
Bitten Sie für die Umkehr von Menschen, die wegen ihres Verharrens im Unglauben die Tatsache der Auferstehung komplett in Frage stellen.

Eigene Gedanken

_____
_____
_____
_____
_____
_____
_____

Verdammt in alle Ewigkeit

Offenbarung 20,7-15

 Erklärungen zum Text

Satan mobilisiert ein riesiges Heer zum letzten Aufstand gegen Gott. Sein Heer steigt aus dem Abgrund *herauf auf die Ebene der Erde*, um sich mit dem Heer *Gog und Magog* zu vereinigen. Die Namen sollen offensichtlich an jenes mächtige Heer erinnern, dessen Angriff *vom äußersten Norden* her erfolgte (Hes 38,15).
Auch nach 1000 Jahren haben sich weder Satan und seine Engel noch die Menschen durch ihre Verführbarkeit verändert. Zeit allein schafft keine Erneuerung. Der Beweis ist erbracht, dass Satan sich als Verführer treu geblieben ist. Ein Gerichtsurteil muss gegen ihn gar nicht mehr gesprochen werden. Sein Platz ist bei dem *Tier* und dem falschen Prophet (10; vgl. 19,20).
Zuletzt wendet sich Gott dem Menschen zu, der ihm verantwortlich bleibt und sich nicht durch Flucht entziehen kann (11).
Das Buch (des Lebens, vgl. 13,8; 17,8) bildet sowohl durch seine Einzigartigkeit als auch durch den Inhalt einen Gegensatz zu *den* Büchern (Mehrzahl). Die Menschen werden nach dem Tod mit dem eigenen Leben konfrontiert. Es ist gegenüber der unsichtbaren Welt Gottes vollkommen transparent (Hebr 4,13).
Vers 12 spricht ausdrücklich davon, dass die *Toten* gerichtet werden, und zwar nach dem, was *in den Büchern* steht. Es handelt sich also um die in Vers 5 Genannten, die nicht im geöffneten *Buch des Lebens* zu finden sind!
Kein Toter wird vergessen (13) oder im Totenreich (griech. Hades) zurückgelassen; denn Jesus Christus besitzt auch für diesen Bereich die Schlüsselgewalt (1,18).
Der *zweite Tod* (14) ist kein ewiges Ausgelöschtsein, sondern die endgültige Verbannung aus Gottes Nähe (vgl. mit Vers 10).

 Fragen zum Text

1. Mit welchen Verben wird die Tätigkeit der Feinde beschrieben?
2. Von wo erfolgt der Angriff von *Gog und Magog* (9)?
3. Welchen Sinn macht es, dass diese Menschen *nach ihren Werken* beurteilt werden (12; vgl. Röm 10,3)?

Übertragung ins Leben

Es gibt diesen Ort, der allgemein „die Hölle" genannt wird. Er ist unveränderlich und endgültig. Diejenigen, die in diesem Leben Gott ablehnen, werden auch in der Ewigkeit nichts mehr mit ihm zu tun haben. Wir tun gut daran, uns die Verlorenheit dieser Menschen vor Augen zu halten, um sie mit ganzem Engagement für das Evangelium zu gewinnen.

2. Danken Sie Jesus Christus, dass er Gottes Gericht über Ihre Sünde am Kreuz getragen hat.
3. Bitten Sie darum, dass es Ihnen gelingt, glaubwürdig und einfühlig Menschen mit dem Evangelium zu erreichen.

 Gesprächsimpulse

1. Wie können wir von der Hölle sprechen, ohne uns den Vorwurf gefallen lassen zu müssen, dass wir die Angst als Druckmittel gebrauchen würden?

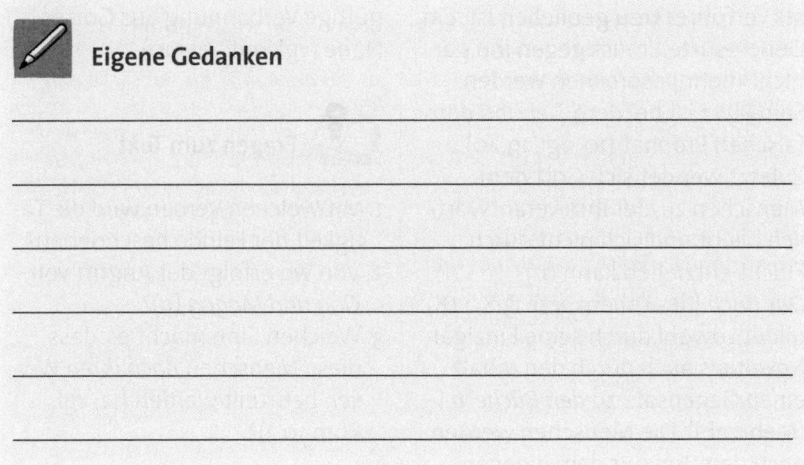

Ewig / Ewigkeit

Eine lange Zeitspanne
Immer wieder wird im Alltag eine lang empfundene Zeitspanne mit dem Begriff „ewig" ausgedrückt. Dabei muss nicht erklärt werden, dass mit dieser bewussten Übertreibung ein allgemein übliches Stilmittel gebraucht wird. Wenn jemand zum Beispiel sagt: „Ich habe ihn schon ewig lange nicht mehr gesehen", ist klar, was gemeint ist.
In gleichem Sinne wird der griechische Ausdruck „aiôn" oder „aiônios" in der Bibel gebraucht: Lukas 1,70 (wörtlich): *Wie er von Ewigkeit her geredet hat.* Oder Johannes 9,32 (wörtlich): *Von Ewigkeit her hat man nicht gehört, dass jemand einem Blindgeborenen die Augen geöffnet hat.*

Ein begrenztes Zeitalter
„Aiôn" oder eingedeutscht „Äon" kann auch die Bedeutung von „Zeitalter" haben. In diesem Sinne wird das Wort ebenfalls in der Bibel gebraucht (Mt 28,20): *Und siehe, ich bin bei euch alle Tage bis an das Ende des Zeitalters* (Äons). In der Gnosis und zuvor schon in der babylonischen Astrologie gebrauchte man das Wort Äon jedoch in einem anderen Sinn. Der Äon war eine von Gott ausgehende Geistesmacht, die bestimmte Zeitalter ablöste und damit in unendlicher Folge die Wiederkehr aller Dinge bewirkte. Diese spekulative Philosophie übernahm der umstrittene Kirchenvater Origines und lehrte die sogenannte Allversöhnung. Demnach stellt die ewige Verdammnis nur eine Strafe innerhalb eines begrenzten Äons dar.

Die zeitlose Unendlichkeit
Das Neue Testament spricht von *diesem gegenwärtigen bösen Äon* (Gal 1,4). Er wird von dem zukünftigen durchdrungen (Lk 17,21), dessen Kräfte die Gläubigen bereits hier schon schmecken (Hebr 6,5). Die unvergängliche, zukünftige Welt wird nach dem Tod aber auch von denen als Realität erfahren, die keinen Anteil an der Erlösung durch Jesus Christus haben (vgl. Lk 16,19-31). In Markus 10,30 unterscheidet Jesus das Leben in der zukünftigen Welt vom ewigen Leben. Das bedeutet: Es gibt eine zeitlich unbegrenzte Existenz nach dem Tod, an der alle Menschen teilhaben.
Ewiges Leben bezeichnet aber mehr als die unendliche Fortdauer des menschlichen Bewusstseins. Es ist ein Qualitätsbegriff für die Lebensbeziehung zu Gott (Joh 5,24; 11,25).
Die Hölle ist ein Ort der Gottesferne, aus der es weder ein Zurück noch ein Ende gibt. Durch die Annahme, dass mit dem Tod alles aus sei, betrügen sich diejenigen, die Jesus abweisen, doppelt: Sie werden auferweckt, um sich vor Gottes Gericht zu verantworten (Hebr 9,27). Und selbst danach können sie nicht durch den Tod ins Vergessen sinken; denn auch der *zweite Tod* bedeutet kein Auslöschen der Person, sondern die bewusst erlebte Gottesferne (Mk 9,44; Offb 20,14-15).

Zitate zum Thema Ewigkeit

Willst du ewige Freude haben, häng jenem an, der ewig ist.
   Augustinus

Der gesunde Mensch ist krank, wenn sein Blick haften bleibt an den armen, vergänglichen Dingen dieser Erde. Der kranke Mensch ist gesund, sobald er durch den Glauben Zugang gefunden hat zur ewigen Hoffnung.
   Friedrich von Bodelschwingh

Dieses Leben ist ein Vorzimmer des Himmels. Unsere größten Freuden sind nur die ersten Früchte und der Vorgeschmack der ewigen Freude, die noch kommen wird. Ja, das Beste kommt noch.
   Corrie ten Boom

Du füllst des Lebens Mangel aus mit dem, was ewig steht, und führst uns in des Himmels Haus, wenn uns die Erd entgeht.
   Paul Gerhardt

Wir sind hier um zu predigen, dass die Sünde schwarz, die Hölle heiß, das Gericht unausweichlich, die Ewigkeit lang und die Errettung aus Gnade ist.
   Vance Havne

Ist das ewige Leben nicht wert, jede Mühe und Plage auf sich zu nehmen? Es ist doch wahrhaftig kein geringer Unterschied, ob man den Himmel gewinnt oder verliert.
   Thomas von Kempen

Ostern ist das Siegesfest des ewigen Lebens.
   Gertrud Freiin von Le Fort

Manchmal nehme ich das Zeitliche so ernst, als sei es ewig, und die Ewigkeit so wenig ernst, als sei sie belanglos. Weise sind wir dann, wenn wir dem Zeitlichen und dem Ewigen den ihnen zustehenden Wert beimessen.
   Hans Peter Royer

Gottes neue Welt

Offenbarung 21,1-14

 Erklärungen zum Text

In Kapitel 21 taucht der Begriff *Stadt* zehnmal auf. Das neue Jerusalem ist ein Gegenbild zur Stadt Babylon (18,21-23). Die Gegensätzlichkeit wird durch das betont, was *nicht mehr* sein wird. Das Fehlen des Meeres (1), weist darauf hin, dass die Brutstätte des Bösen in Gottes neuer Welt fehlen wird (vgl. 13,1!).

Die Aussage in Vers 3 erinnert an die (Stifts-)Hütte, die einst Gottes Wohnung innerhalb seines Volkes Israel darstellte (2. Mose 29,45). In Gottes neuer Welt wird es keine Trennung mehr zwischen ihm und den Menschen geben!

Die Herkunft des neuen *Jerusalems* (2.10) unterscheidet sie deutlich von der irdischen Stadt. Nun wird die Stadt Stück um Stück näher beschrieben. Vers 9-14: die Mauer und Tore der Stadt; Vers 15-21: ihre Maße und Materialien; Vers 22-27: der Stadtkern; Kapitel 22,1-5: der Thron als Zentrum des neuen *Jerusalems*.

Die Bilder von *Braut* und *Stadt* fließen ineinander. Sie *ist* das neue Jerusalem (21,9).

Tore und *Grundsteine* ergänzen einander und bilden eine Einheit (12-14). Hier gibt es keine Konkurrenz mehr zwischen alt- und neutestamentlichem Volk Gottes (vgl. Eph 2,11-18).

 Fragen zum Text

1. Was erfahren Sie hier über Gott (3-7) – und was bedeutet es Ihnen?
2. All das, was in Vers 8 aufgezählt wird, ist auch wesenhaft in uns selbst angelegt. Darüber sollten wir uns nicht täuschen. Doch was unterscheidet jene, die *Überwinder* genannt werden? Lesen Sie dazu auch Kapitel 7,14 und 14,4-5.
3. Wem verdankt die *Braut* ihre ergreifende Schönheit (11)?

 Übertragung ins Leben

„Wie kann ich in der Ewigkeit glücklich sein, wenn ich weiß, dass Menschen, die ich liebe, verdammt sein werden?" Diese Frage beschäftigt Christen immer wieder. Vers 4 gibt darauf eine vorläufige Antwort, die uns zunächst genügen muss.

Wichtig ist, dass wir uns selbst immer wieder Gottes Angebot stellen und es auch denen nicht verschweigen, die wir lieben (7). Dazu gehört, dass wir Sünde beim Namen nennen und diejenigen warnen, die darin beharren (8).

2. Nehmen Sie die Verse 3-7 als Vorlage für ein persönliches Gebet. Sprechen Sie vor Gott aus, was Sie für die neue Welt erhoffen. Verschweigen Sie ihm aber auch nicht den Schmerz um Menschen, für die Sie in der Fürbitte einstehen.

 Gesprächsimpulse

1. Der Gegensatz von denen, die zu Gott gehören, zu denen, die sich durch eine bewusste Entscheidung davon ausgegrenzt haben, wird in der Ewigkeit durch nichts mehr überdeckt werden können, denn im Licht Gottes wird jede Lüge aufgedeckt werden. Wie kann Gottes Herrlichkeit in den Anforderungen unseres Alltags für andere aufleuchten?

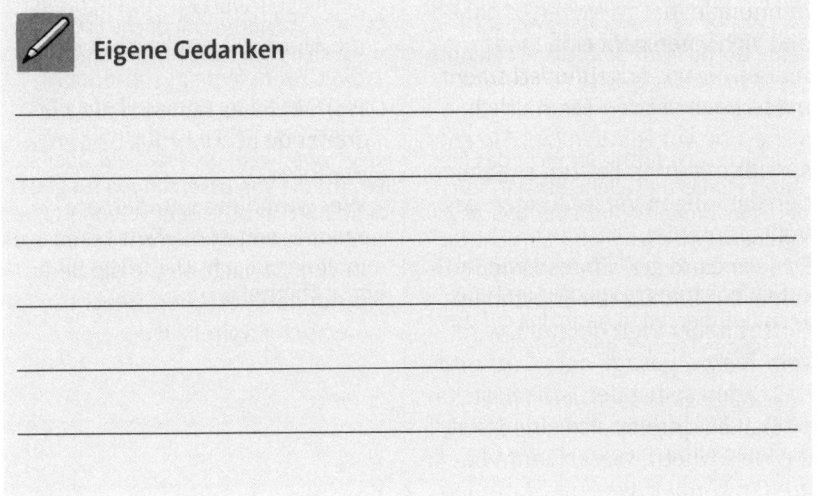

Unbeschreibliche Herrlichkeit

Offenbarung 21,15-27

 Erklärungen zum Text

Die Maße der Stadt (15-16): Wenn Sie die Zahlen als mathematische Angaben auffassen, entsteht vor Ihren Augen ein gigantischer Würfel mit rund 2500 Kilometer Seitenlänge. Ohne Zweifel handelt es sich bei den Bemessungen jedoch um Bildersprache. Alle Angaben basieren auf der Grundzahl Zwölf. *Gottes Wohnung* auf der Erde als Abbild des Himmlischen hatte ebenfalls die Form von einem Kubus (1. Kön 6,20).

Die *Mauer* und ihre *Tore* (17): Die Höhe von *144 Ellen* sind umgerechnet gerade mal 70 Meter. Es handelt sich weder um eine Stadtmauer, die vor Angriffen schützen muss, noch bei den Toren um eine Sicherung vor Feinden (25). Sie entspricht mit ihren Bauten einfach den damaligen Vorstellungen des Vollkommenen.

Das Zentrum (22): Ebenso wie Jerusalem ein Bild für die Erlösten in Gottes neuer Welt darstellt, wird vom *Tempel* gesagt, dass Gott und das Lamm selbst der *Tempel* ist. Kapitel 21 beschreibt also eine Stadt, die wir in ihrem Wesen kaum begreifen können, weil uns dafür jegliche Vorstellung fehlt. Bauwerke und Bewohner scheinen nicht mehr unterschieden zu sein. Der Charakter der Bewohner entspricht in vollkommener Weise der lichten Herrlichkeit dieser Stadt.

 Fragen zum Text

1. Haben Sie Lust am Rechnen? Das antike griechische Längenmaß *Stadion* (16) betrug in der Regel 1,85 Meter. Das Längenmaß *Elle* (17) wird gewöhnlich mit ca. 46 cm angegeben (die Maße variierten regional).
2. Aus welchem Material besteht die *Mauer* (17) und womit sind die *Grundsteine* geschmückt (19)? Welches Material hat die *Stadt* (18) und woraus bestehen die Tore (21)?
3. Wer wird diese wunderbare *Stadt* betreten dürfen? Lesen Sie in Vers 27 nach, ob Sie die Bedingung dafür erfüllen. Beachten Sie auch Kapitel 3,5.

Übertragung ins Leben

Stellen Sie sich Gottes Stadt bei grandiosen Lichtverhältnissen vor (23)! Eine solche überirdische Pracht können wir nur mit stockendem Atem und in einer Haltung der Anbetung aufnehmen. Welchen der genannten Edelsteine kennen Sie? Falls Sie ein Schmuckstück mit einem der Edelsteine haben, bringen Sie es mit! Es ist ein winziger Abglanz der kommenden Herrlichkeit.

geistliche Ziel eines Christen? Wenn Sie mögen, dann durchforsten Sie Ihre gemeindlichen Liederbücher nach Texten, die sich mit der zukünftigen Herrlichkeit beschäftigen! Gestalten Sie damit eine Zeit, in der Sie einander mitteilen, was Sie anspricht, und indem Sie miteinander singen und beten.

 Gesprächsimpulse

„Guck nach vorn!", sagen wir Kindern, die nach hinten sehen und deshalb zu stolpern drohen. Weshalb gilt dieser Rat auch für das

Eigene Gedanken

_____
_____
_____
_____
_____

Zu Hause

Offenbarung 22,1-5

 Erklärungen zum Text

Johannes sieht nun das Zentrum der Stadt. Bekannte biblische Bilder tauchen auf: Der Wasserlauf im Paradies (1. Mose 2,10), der Segensstrom bei Hesekiel 47,1.12, aber auch die Zusage von Jesus in Johannes 7,38. Vertraut ist auch der Baum des Lebens. Hier wird er sogar in der Mehrzahl genannt. Hatte Gott ihn einst vor dem Zugriff des in Sünde gefallenen Menschen geschützt (1. Mose 3,24), so sind diese nun allen zugänglich. Für Menschen, die Jesus vertrauen, wird die Ewigkeit im wahrsten Sinne des Wortes ein „nach Hause kommen" bedeuten (vgl. Hebr 11,13-16). Es wird keinen Hunger, keine Krankheit (2), keine Sünde (3), keine Gottverlassenheit (4) und keine Dunkelheit mehr geben (5). Die Stadt mit dem Fluss und den Bäumen vermittelt ein Bild, das tiefe Geborgenheit, Frieden und Harmonie ausdrückt. Hier wird sich das bewusste oder unbewusste Sehnen der Menschheit nach dem verlorenen Paradies erfüllen.

 Fragen zum Text

1. Worauf lässt die Zeitangabe *jeden Monat* (2) schließen, wenn Sie dazu die Angaben in Kapitel 21,23.25 lesen?
2. Wie verstehen Sie den Ausdruck *Heilung der Völker* (2), wenn Sie dazu Kapitel 21,4 lesen? Beachten Sie auch Hesekiel 47,12.
3. Was werden die Erlösten in der Ewigkeit tun? Auf diese Frage geben die Verse 3 und 5 zwei unterschiedliche Antworten.
4. Wodurch wird die wiederhergestellte Zuordnung vom Menschen zu seinem Gott hier ausgedrückt (4)? Lesen Sie dazu auch Kapitel 3,12.

 Übertragung ins Leben

Es mag viele Christen geben, die Gott mit ihren Bitten bestürmen. Aber wie viele begeben sich bewusst „im Geist" vor Gottes Thron? Wenn wir Gott doch um seiner selbst Willen aufsuchten und in der Stille vor ihm verweilten! Wir würden schon jetzt ein Stück des neuen Jerusalems als Realität in unserem Innern erfahren und uns

danach sehnen, nie wieder die Zeiten der Anbetung beenden zu müssen. Der Frieden, der daraus strömt und alles Begreifen weit übersteigt, ist ein Vorgeschmack auf das, was uns in Gottes Stadt erwarten wird.
Noch leben wir in dem Zwiespalt, durch den Körper an die Erde gebunden zu sein und nur durch den Heiligen Geist Gottes Nähe zu erleben. Wenn diese Erfahrung schon so herrlich ist, wie viel mehr wird die Vollendung uns glücklich machen!

Sie dazu den Hoffnungsschrei von Hiob (Hiob 19,25) und diesen Ausdruck tiefster Gewissheit in Psalm 17,15!

 Gesprächsimpulse

Stellen Sie sich vor: Sie werden in der Ewigkeit Gottes Majestät und Herrlichkeit leibhaftig sehen! Wie berührt Sie dieser Gedanke? Lesen

Eigene Gedanken

_____

_____

_____

_____

_____

_____

Zuverlässig und wahr

Offenbarung 22,6-15

 Erklärungen zum Text

Die Offenbarung nähert sich dem Abschluss, deshalb kommt nun ihre Glaubwürdigkeit zur Sprache (6). Siebenmal wird das Wort *Buch* in diesem letzten Kapitel gebraucht. Jesus selbst meldet sich in Vers 7 und in Vers 12 bis 16 zu Wort. Um die eigenen Worte von denen des Herrn zu unterscheiden, fügt Johannes in Vers 8 hinzu: *Ich, Johannes, bin es* ... Er betont, wie übrigens auch in seinem ersten Brief, dass er Augen- und Ohrenzeuge ist. Es ist übrigens das zweite Mal, dass er den mächtigen *Engel* anbeten will. Für Christen, die (durch eine falsche religiöse Unterweisung) neben Jesus auch noch Engel (vgl. Kol 2,18) oder Heilige anbeten, sollte Vers 9 eine klare Hilfe sein. Gebete dürfen niemals einem Geschöpf gelten! Noch einmal werden die Leser und Zuhörer der Offenbarung aufgerüttelt. Die Aufforderung in Vers 11 hat ironischen Charakter und ist eine Warnung. Jesus wird kommen; dann gibt es eine Sichtung, das ist ganz sicher (14-15)! Alpha und Omega (Luther: *A und O*) sind im griechischen Alphabet die ersten und letzten Buchstaben.

 Fragen zum Text

1. Wie lautet die Anweisung an Johannes über das weitere Vorgehen nach dem Empfang der Vision (10)?
2. Vergleichen Sie Vers 10 mit der anderslautenden Aufforderung in Daniel 12,4. Womit werden die Unterschiede begründet?
3. In welchem Zusammenhang erscheint der abwertende Begriff *Hunde* (15) sonst noch in der Bibel (5. Mose 23,18-19; Jes 56,10)?

 Übertragung ins Leben

Aus der Perspektive unserer kurzen Lebensspanne hat das Wort „bald" einen anderen Klang als bei dem ewigen Gott. Deshalb wird es Leute geben, die sich auch durch die Offenbarung in ihrer geistlichen Gleichgültigkeit nicht beirren lassen (11a). Alle, die sich zu Jesus halten, werden ihr Leben entsprechend ausrichten (11b). Wichtiger, als irgendein spekulatives

Datum benennen zu können, ist, dass wir jederzeit bereit sind, dem Herrn zu begegnen.

 Gesprächsimpulse

1. Woran wird erkennbar, dass Sie Jesus Christus als wiederkommenden Herrn tatsächlich erwarten?
2. Was können Sie tun, wenn Ihr Denken und Handeln Sie mal wieder nicht als einen frommen Menschen ausweist (14)?
3. Welchen Leitgedanken möchten Sie im Hinblick auf das Kommen von Jesus beherzigen?
4. Rechnen Sie damit, dass Gott seine Zusagen einlöst – und sprechen Sie mit ihm darüber! Sprechen Sie auch über eventuelle Ängste oder Zweifel und bitten Sie um ein tieferes Verständnis für die prophetischen Worte.
Beten Sie nach wie vor mit großer Treue für Verwandte, Freunde oder Kollegen, die Jesus Christus ablehnen.

Eigene Gedanken

_____
_____
_____
_____
_____
_____

Am Ziel der Geschichte

Offenbarung 22,16-21

 Erklärungen zum Text

Mit Vers 16 schließt sich der Kreis zu Kapitel 1,1. Das Zeugnis über das, *was geschehen wird*, soll allen Gemeinden den Blick für Gottes Herrschaft öffnen. Er bringt die Weltgeschichte zum Ziel, das sich mit drei Worten beschreiben lässt: Unser Herr kommt oder aramäisch: „Maranatha!" (1. Kor 16,22). Die Offenbarung gewährt uns lediglich „Momentaufnahmen" aus Gottes Welt, die uns fremd ist. Manche Fragen bleiben offen. Diese Spannung sollten wir nicht durch Spekulationen aufzuheben versuchen (18). Dies ist im Laufe der Geschichte dennoch immer wieder geschehen und hat unter einzelnen Glaubensgruppierungen zu ausufernden Endzeithysterien geführt. Heute stehen wir viel stärker in der Gefahr, die prophetischen Aussagen nicht mehr wirklich ernst zu nehmen (18), weil wir stark auf das Diesseits orientiert leben.
Die Venus (16) ist nach dem Mond das hellste natürliche Objekt am Sternhimmel. Sie ist Künderin des Wechsels von der Nacht zum Tag oder vom Tag zur Nacht, denn nur dann ist sie zu beobachten (vgl. 2,28; 2. Petr 1,19).

 Fragen zum Text

1. Wovon sollte bei den Zuhörern das Reden, Handeln und das Wollen geprägt sein (17)?
2. Welche Absicht steht hinter diesen Warnungen in Vers 18-19? Lesen Sie dazu auch 5. Mose 4,2; 13,1; Jeremia 26,2!
3. Was erfahren wir darüber, wie den ersten Gemeinden die Botschaft von Jesus gewöhnlich übermittelt wurde (18)?
4. Womit wird der Charakter der Offenbarung in Vers 18 und 19 hervorgehoben?
5. Welche Haltung kennzeichnet geistlich wache Gemeinden (17.20; vgl. 3,11)?

 Übertragung ins Leben

Es ist auffallend, dass eine Besinnung auf die Offenbarung oft erst während Notzeiten geschieht. Vergessen wir dabei nicht, dass die Übermittlung der Offenbarung gerade in eine solche Zeit der Verfolgung durch die römischen Behörden zurückreicht (1,9). Es ist eben so: Die Welt verliert ihre blendende Faszination und auch ihre oft behauptete Toleranz, wenn sie zu Jesus Christus Stellung nehmen muss. Dann werden Fragen nach der Herrschaft Gottes und dem ewigen Leben für Christen besonders aktuell.

wüssten, dass Jesus innerhalb der nächsten 24 Stunden käme? Stellen Sie sich zum Abschluss bewusst unter den Segenswunsch von Vers 21.

 Gesprächsimpulse

Bei welchen Gelegenheiten haben Sie sich von Herzen gewünscht, dass Jesus am besten sofort wiederkommen möge? Welche Bereiche Ihres Lebens würden Sie noch ordnen wollen, wenn Sie

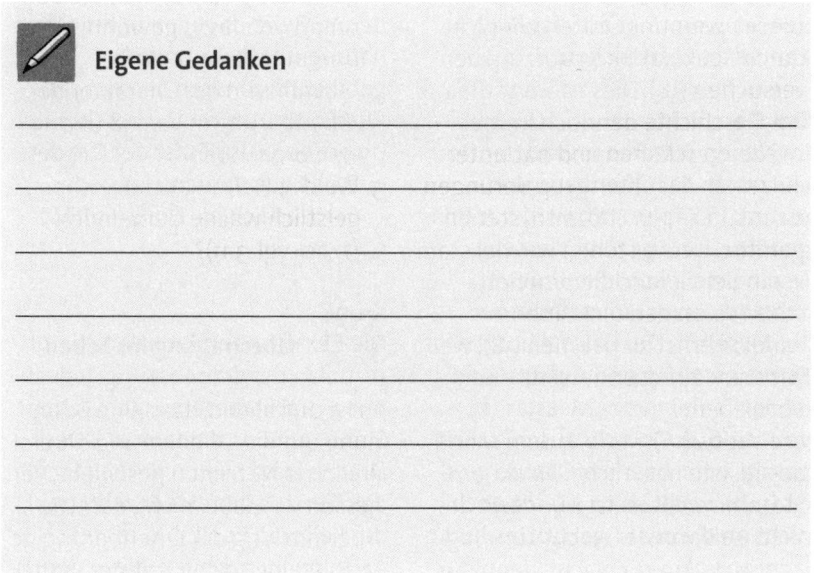

Eigene Gedanken

Kleines Bildwort-Lexikon

Buch
Das griechische Wort „Biblion" kommt im Neuen Testament insgesamt 34-mal vor, davon 23-mal in der Offenbarung. Es kann für eine Schriftrolle, für ein Buch, für etwas Schriftliches allgemein oder einen Brief stehen. Die Offenbarung ist von vornherein als schriftliches Dokument konzipiert (1,11). Damit folgen die Ereignisse der Zukunft einem fest umrissenen Plan, der ganz in der Hand von Jesus liegt. Diese Tatsache wird durch den Schwerpunkt auf *das Buch* in Kapitel 5 unterstrichen.

Drache
Im Neuen Testament wird der Drache nur in der Offenbarung erwähnt. In Kapitel 12,9 wird das Bild gedeutet und gezeigt, dass der Drache identisch ist mit der Schlange im Paradies. Er ist der Teufel selbst. Der Drache hat die Farbe von Krieg und Aufruhr und ist der Todfeind des Messias (12,3-4; vgl. mit 6,4). Obwohl ausdrücklich gesagt wird, dass der Drache groß ist (12,3), reicht seine Macht doch nicht an die der Engel Gottes heran (12,7; 20,1-2).

Hölle
Es gibt zwei griechische Begriffe, die in der Lutherbibel mit „Hölle" wiedergegeben werden: „Hades" und „Gehenna". Mit Hades ist der vorläufige Aufenthaltsort der Toten gemeint. Jesus besitzt über ihn die Schlüsselgewalt. Am Ende muss der Hades die Toten herausgeben, denn die Menschen müssen sich vor Gottes Thron verantworten. Der Hades wird mehrfach in der Offenbarung genannt: Kapitel 1,18; 6,8; 20,13-14. Das Wort „Gehenna" wird dagegen in der Offenbarung überhaupt nicht gebraucht, sondern als *feuriger Pfuhl* oder *zweiter Tod* beschrieben (19,20; 20,14-15). Es ist der Ort der endgültigen Verdammnis oder sprichwörtlich *die Hölle* (vgl. Mt 5,29-30).

Krone
Die Bezeichnung *Krone* erscheint 11-mal in der Offenbarung, jedoch nur 3-mal in diesem eigentlichen Sinne (griech. „diadaema"). Der Drache trägt sieben Kronen (12,3), das Tier aus dem Meer zehn (13,1), der Reiter in Kapitel 19,12 viele. An folgenden Stellen, die in der Lu-

therbibel mit *Krone* wiedergegeben werden, handelt es sich jedoch um jenen (Lorbeer-)Kranz (griech. „stephanos"), der in der Antike gewöhnlich siegreichen Wettkämpfern oder Feldherrn überreicht wurde: Kapitel 2,10; 3,11; 4,10; 6,2; 9,7; 12,1. Zweimal werden goldene Siegeskränze genannt: Kapitel 4,4 und 14,14.

Lamm
Im Griechischen gibt es zwei Worte für Lamm: „Amnós" bezeichnete das junge Schaf. Meist wurde der Begriff für das *Opfer*tier gebraucht. Das in der Offenbarung gebrauchte Wort „Arníon" stellt eine Verkleinerungsform für das Lamm als *Schlacht*tier dar. Wir würden also von einem Lämmchen sprechen. Mit dieser Darstellung wird der Gegensatz von dem Lamm und dem Tier mit den raubtierhaften Zügen aus dem Meer noch stärker unterstrichen.

Meer
Neben der wörtlichen Bedeutung steht *Meer* auch in übertragener Bedeutung für Abgrund. Lesen Sie dazu den Artikel Seite 84, „Das Tier".

Offenbarung
Der Wortstamm des griechischen Begriffs „Kalypto" bedeutet umhüllen, verbergen. Durch die Vorsilbe „Apo" verändert sich der Begriff („apokalypto") ins Gegenteil: „enthüllen aufdecken". Als Substantiv (Apokalypsis) kommt der Begriff in der Offenbarung nur in Kapitel 1,1 vor. Im heutigen Sprachgebrauch wird „apokalyptisch" meist in dem Sinne von unheilverkündend, geheimnisvoll oder auf das Weltende hinweisend gebraucht. In diesem Sinne werden die Reiter von Kapitel 6 oft „die apokalyptischen Reiter" genannt.

Schale
Bei den Schalen handelt es sich in der Offenbarung um Gefäße, wie sie beim Tempeldienst verwendet wurden (2. Mose 25,29). Sie werden sowohl in Kapitel 5,8 als auch in Kapitel 15,7 in einem solchen Zusammenhang erwähnt.

Schwert
Das Schwert war eine Kriegswaffe, aber auch das Machtinstrument des Staates (Röm 13,4; Offb 13,10). Anders als der Bogen bleibt das Schwert ein geführtes Instrument. Jesus hält das Schwert nicht in der Hand, sondern es kommt aus dem Mund. Damit schafft er sozusagen als Hausherr Ordnung und richtet die Völker der Welt (19,15). In Kapitel 6,4.8 wird die Gerichtsgewalt für eine bestimmte Zeit an die Reiter verliehen.

Tier
Die Wesenszüge von Panther, Bär und Löwe charakterisieren beim Propheten Daniel die innere Qua-

lität der Weltreiche, die er in einer nächtlichen Vision sah (Dan 7,1-6). Nach diesen Tieren kommt der Menschensohn als der ganz andere (Dan 7,13). Die Bestie aus dem Meer vereinigt die Eigenschaften all dieser Tiere in einer Person (Offb 13,1). Nicht die unmenschlichen Züge an sich sind neu, sondern ihre ungeheure Verdichtung.

Weiß
Streng genommen handelt es sich bei dem Weiß, das von Gott oder Jesus ausgeht, um Licht (vgl. 1. Joh 1,5). Es ist derart gleißend hell, voller Ausstrahlung und Kraft, sodass kein Mensch sich ihm nähern kann (1. Tim 6,16). Weißes Licht ist nichts anderes als die Summe der Spektralfarben in ihrer höchsten Intensität. So wird Gottes Thron in Offenbarung 4 nicht zufällig in Zusammenhang mit einem Regenbogen beschrieben.

Wüste
Die Wüste ist ein Ort der Prüfung und der existenziellen Abhängigkeit von Gott (vgl. Mt 4,1-11). Die vom Drachen bedrohte Frau empfängt in der Wüste alles, was zu ihrem Überleben dient: Flügel, um fliehen zu können, einen vorbereiteten Zufluchtsort sowie Nahrung und Schutz vor dem tödlichen Angriff des Drachen (12,6.14.16). Die Vorstellung menschenferner Abgeschiedenheit trifft in diesem Zusammenhang keineswegs zu, wie Kapitel 17,3 aufs Deutlichste zeigt; denn die Hure hält sich ebenfalls in der Wüste auf.

Zeichen / Malzeichen
Der griechische Grundtext unterscheidet zeichenhafte Darstellungen sowie Warn- oder Wunderzeichen („Saemeion"; 12,1.3; 13,14; 16,14; 19,20a) von dem antichristlichen Malzeichen („Charagma"). Beide Begriffe werden in der Lutherbibel mit *Zeichen* wiedergegeben.
Die Annahme des antichristlichen Malzeichens setzt nach Kapitel 14,9.11 eine bewusste Einwilligung voraus. In Verbindung damit wird die Anbetung des Tieres genannt, sodass das Malzeichen letztlich wohl die von Gott abgewandte Haltung der Einzelnen belegt. Die Verführung durch lügenhafte Wunder zielt ebenfalls auf die Einwilligung zur Annahme (13,15-16; 19,20b). Die Möglichkeit zum totalen Boykott wird schließlich diejenigen zu Fall bringen, die den Tod mehr fürchten als Gott (13,9-10; 20,4).

Mit der Bibel leben
Bibellese-Zeitschriften des Bibellesebundes

Orientierung

Die Bibellese-Zeitschrift für alle, die Gottes Wort auf den Grund gehen wollen, nimmt die Bibel als zuverlässiges Wort Gottes ernst. Sie vermittelt jedoch nicht nur theologische Richtigkeiten, sondern gibt auch konkrete Hinweise für die Umsetzung in den Alltag. Die *Orientierung* gibt es auch als Großdruckausgabe. Die Daten dazu und zu unseren Bibellese-Zeitschriften für Kinder, junge Leute und Frauen finden Sie im Shop: www.bibellesebund.net.

Die Hauskreis-Edition von *Orientierung*

... bringt persönliches Bibellesen und gemeinsames Lesen in der Gruppe zusammen. Hier wird zusätzlich zur täglichen Bibellese wöchentlich ein Abschnitt aus dem fortlaufenden Bibelleseplan für Haus- und Bibelkreise aufbereitet. Auf einer Doppelseite bieten kurz gefasste Erklärungen Hintergrundwissen, und die Fragen und Anregungen sorgen für ein lebendiges Gespräch. Die Hauskreis-Edition von *Orientierung* möchte dazu beitragen, dass Christen Freude an gemeinsamen Entdeckungen in der Bibel bekommen und sich gegenseitig auf dem Glaubensweg voranbringen.

Durchgehend 2-farbig
Geheftet, 14,8 x 21 cm, 108 S.
Einzelheft € (D) 4,00 / CHF 8.00
Abo € (D) 14,80 / CHF 32.00 (4 Hefte pro Jahr)

mit der Bibel leben

Der Bibellesebund

> ist ein internationales Werk, gegründet 1867 in England. Er arbeitet weltweit vor allem unter Kindern, jungen Menschen und Familien.
> arbeitet nach den Richtlinien, die vom Internationalen Rat des Bibellesebundes festgelegt wurden.
> finanziert seine missionarische Arbeit durch Spenden; Zuschüsse gibt es weder vom Staat noch von der Kirche.
> versteht sich als überkonfessioneller Dienstleister für Kirchen, Freikirchen und Gemeinschaften.

Weitere Informationen unter www.bibellesebund.net